개는 사랑의 등불

나라면 개를 이렇게 키우겠다!

개는 사랑의 등불

나라면 개를 이렇게 키우겠다!

초판 1쇄 인쇄 2013. 8. 5
초판 1쇄 발행 2013. 8. 12

지은이	우파니
펴낸이	김경희
펴낸곳	㈜지식산업사
주 소	본사 : 경기도 파주시 교하읍 문발리 520-12
	서울사무소 : 서울시 종로구 통의동 35-18
전 화	본사 : (031)955-4226~7 / 서울사무소 : (02)734-1978
팩 스	본사 : (031)955-4228 / 서울사무소 : (02)720-7900
	한글문패　　　지식산업사
	영문문패　　　www.jisik.co.kr
	전자우편　　　jsp@jisik.co.kr
	등록번호　　　1-363
	등록날짜　　　1969. 5. 8

ISBN 978-89-423-8034-3 03040

책값은 뒤표지에 있습니다

우파니 글·사진

개는 사랑의 등불

나라면 개를 이렇게 키우겠다!

지식산업사

차 례

개들이 파티에 초대하다

저는 지금까지 한 번도 개를 길러본 적이 없습니다.

어렸을 때부터 개와 함께 지내고 싶었지만 그럴 기회가 닿지 않았지요. 그러다가 10여 년 전부터 개를 관찰하기 시작했고, 인구가 약 90만 명이 되는 부천시에서 3년 남짓 머무는 동안 거의 날마다 공원에 산책 나온 개들과 놀고 사진을 찍으며 지냈습니다. 하루에도 몇 번씩 새롭게 이루어지는 개들의 무리 속으로 들어가 종의 친구로서 함께 뛰노는 게 왜 그리 즐거웠는지 모르겠습니다. 해가 진 뒤부터 한밤중까지는 사진을 찍지 않고 개들과 뛰어다니며 놀았습니다. 주말에는 수백 마리, 평일에도 수십 마리의 개를 만날 수 있었지요. 세상에 널리 알려진 품종은 대부분 만난 것 같습니다. 그러면서 개들의 습성을 조금씩 알게 되었고, 특성을 파악하고 행동을 이해하며 마음을 주고받을 수 있었습니다.

언젠가부터 시내를 돌아다니다보면, "강아지 찍는 사람이다" 하는 소리가 들려오기 시작했습니다.

지금 돌아보면 말려야 되는 행동이지만, 개 주인들이 목줄을 풀어주어 함께 놀 기회를 수없이 만들 수 있었습니다. 자기 개가 저렇게 즐거워 하는 건 처음 본다는 등의 소리가 들려올 때면, 뿌듯함보다는 자식처럼 아끼는 반려견과 함께 놀게 해주어 오히려 고마울 따름이었지요. 저는 의무감 없는 자유로운 존재자로서 아이들 가댁질하듯 개들과 즐겁게 놀기만 했지요.

개들과의 놀이는 추격과 도망, 공 뺏기 등이었습니다. 공 뺏기는, 공을 멀리 던진 뒤 먼저 달려가 개들이 못 물게 멀리 차내고, 다시 뛰어가 다른 곳으로 차내는 놀이입니다. 제가 만들었지만, 개보다 빨리 뛰어야 하고 에너지 소비가 많기에 권할 만한 운동은 아닌 것 같습니다. 어미에게서 일찍 떨어져 나와 자연스럽게 놀이나 사냥 기술을 배울 기회가 없었던 개들은 재미있어 했습니다.

개들이 저를 무리의 대장으로 여긴다는 것조차 몰랐습니다.

같이 뛰고난 뒤에는 짝을 지어 노는 것을 지켜보며 사진을 찍었습니다. 먹이를 먹고난 늑대들이 서로 장난하거나 겨루기를 하는 것과 크게 다르지 않겠지요. 사진 찍히는 것도 개들이 좋아했습니다. 자주 모델이 되는 개는 다른 개들이 부러워 하지요.

언제부터인가 개들이 제가 나타나기를 기다리고 있다는 걸 알게 되었습니다.

개 전용 공원이 아니기에, 제가 몇 마리와 놀기 시작하면 잔디밭이나 공원 주위에 앉아 있던 주인들이 무리와 어울릴 수 있게 목줄을 풀어주기 때문이었습니다. 그래서 몇 마리의 개들과 잔디밭을 뛰기 시작하면, 곧 여기저기서 달려 나와 더 큰 새로운 무리가 생겨나곤 했지요.

무리를 이룬 개들은 너나없이 웃었으며, 자유롭고 즐거워 보였습니다. 마치 그 시간을 위해 살아가는 것 같았지요. 무리에서 이탈한 개는 다시 불러들이고 안전하게 놀 수 있는 마당을 수없이 마련해주었습니다.

집 잃은 개가 그곳에서 놀던 경험을 떠올리고 찾아왔길래, 데리고 있다가 주인에게 인도한 적도 있었습니다. 개 주인은, 울면서 줄곧 아파트 단지 등을 찾아다녔다고 합니다. 그 개는 다른 개들이 저녁 무렵에 무리를 지을 때 나타났는데, 무리 속으로 끼어들지 못하고 50여 미터 떨어진 곳에서 혼자 머뭇거렸습니다. 그 개에게 관심을 두거나 알아보는 이가 아무도 없었습니다.

"땡칠아!" 하고 이름을 부르자 전속력으로 달려와 발 앞에서 구르며 배를 드러내는데, 그렇게 좋아하며 반가워 하는 개는 처음 보았습니다. 잃어버린 줄 알았던 반려견을 품에 안으며 기쁨의 눈물을 글썽이던 주인의 모습이 지금도 눈에 선합니다.

그 사건 뒤 다시 나타났을 때 찍은 사진입니다.

아찔했던 적도 있었지요. 그날 처음 공원에 나타난, 목줄을 푼 아메리칸 핏불테리어를 불러들여 공 뺏기 놀이를 하는데, 제가 여러 번 먼저 달려가 공을 차지하고 다시 멀리 차내자 나란히 공을 향해 뛰어가던 한순간 제 어깨 위로 뛰어올랐습니다. 나에겐 경기와 놀이였지만, 공에 집착한 핏불테리어는 투견종 특유의 지배적인 위치에 서려는 특성을 드러내며 공격적인 행동을 보였습니다. 이빨인지 발톱인지 맨살에 파고드는 걸 느끼는 순간, 상처가 깊어질 것 같아 밀리듯 넘어졌습니다. 그동안 함께 놀았던 개들 가운데 한 번도 그런 사례가 없었기에 적잖이 당황스러웠습니다.

자기 행동의 정당성에 일말의 의심도 보이지 않던 그 개의 눈빛이 생생히 떠오릅니다.

사진은 당시 목줄을 풀기 직전 찍었던 그 개의 모습입니다. 그 순간에도 카메라를 들어 올렸지만 자극하지 않으려고 셔터를 누르지는 않았습니다. 다행히 핏불테리어는 쓰러진 저에게 달려들지 않고 주인의 명령을 잘 따랐습니다. 멀리서 지켜보던 주인이 이름을 소리쳐 부르자 개가 멈칫했고, 저는 얼른 일어섰습니다.

집에 와서 상처를 확인해보니 이빨에 물린 것 같았습니다. 살점이 떨어져나갈 정도는 아니었고 패인 상처에 피가 흐르는 정도였지만, 혹시 광견병 주사는 맞혔는지 등등 별생각이 다 들었습니다. 상처가 아물기까지는 보름 정도 걸렸는데, 그 사이에도 개들을 만나는 일은 중단하지 않았습니다. '내가 쓰러져 있을 때 그 개가 주인의 명령을 무시하고 달려들었다면?' 하고 지금 생각해보니 고마운 마음마저 입니다.

함께 놀 때 공격적인 행동을 보인 건 그 개뿐이었습니다. 투견 품종을 만나면 조심하는 습관이 생겨났고, 개들의 행동과 심리를 더 깊게 살피는 계기가 되었지요.

눈이 많이 내린 날이나 추운 날은 새벽부터 철새들의 사진을 담으러 다니기도 했습니다. 한번은 굴포천 옆 들판에 나갔다가 들개 두 마리를 만났는데, 첫인상부터 예사롭지가 않았습니다. 세력권을 형성하고 있던 들개들은 제가 자기들 영역에 들어온 것이 못마땅했나 봅니다. 개들을 많이 만나보았지만, 인정머리 하나 남지 않은 것 같은 냉혹한 눈과 마주하니 두려움이 일었습니다. 수렵·채취인이 무기도 소지하지 않은 채 혼자서 길을 가다가 갑자기 나타난 늑대 두 마리의 눈빛에서 노골적인 적의를 읽은 경우와 다르지 않을 겁니다. 개의 발에 묻은 흙을 보니, 하천 주변에서 겨울을 나던 청둥오리 등을 쫓아다닌 게 분명해 보였습니다. 철새를 사냥해서 먹이로 삼는 것 같았지요. 당시 굴포천에서는 수천 마리의 철새들이 겨울을 나곤 했습니다.

그래도 우선 사진부터 찍었습니다. 그 개들이 저를 맞으러 나서는 장면입니다. 광견병 주사 같은 것은 맞았을 것 같지도 않아 보였지요. 들개들은 곧 제 몇 미터 앞까지 다가오더니 눈을 마주치지 않으며 경계하기 시작했습니다. 지나다니는 사람도 한 명 없는 곳이어서, 조그만 충돌도 일으키지 않고 그곳을 빠져나오는 게 중요했습니다. 제가 한 걸음을 옮기면 개들도 한 걸음 따라붙었습니다. 제가 뛰거나 뒷걸음치면 곧장 달려들 것만 같았습니다. 그때 번뜩 떠오른 생각이 '사랑'이었습니다. 그 개들도 강아지 땐 누군가의 사랑을 듬뿍 받았을 게 틀림없을 것 같았지요.

"예쁘다! 예쁘다!"

그렇게 말하자, 놀랍게도 녀석들의 표정이 조금 누그러지더니 경계를 한 단계 낮추었습니다. 한 걸음 뒤로 물러나 보았는데, 따라붙지 않았습니다. 사랑받기 위해 세상에 태어난 그 개들도 강아지 때 받았던 귀여움을 그리워 하는 것 같았습니다.

그래서 몇 컷의 사진을 더 찍었는데, 다시 녀석들이 다가오기 시작했습니다. 셔터 소리가 못마땅했나 봅니다. 그곳을 빠져나오기까지 녀석들이 다가올 때마다 몇 번이나 "예쁘다!" 소리를 거듭했고, 그때마다 통했습니다.

"예쁘다!" 하며 말을 트는 방법은 그 뒤 다른 곳에서 만난 떠돌이들과 송아지만한 개에게도 통했습니다.

옛날 사람들은 개에게 영적 능력이 있다고 믿었습니다.

다양한 개들과 놀아본 결과, 개들은 사람이 아직 알지 못하는 통신 수단으로 자기들끼리 의사 표현을 이루기도 하고, 무리를 짓는 행동으로 옮기기도 한다는 걸 확인할 수 있었습니다. 옛날 사람들도 개들의 그런 능력을 목격했다면 경이로웠겠지요. 그렇지만 언제나 사용하는 건 아니었지요. 나도 수많은 만남 가운데 몇 번만 확인했을 뿐이지만, 신비로웠습니다.

개들이 사람은 모르는 어떤 신호를 내보내고, 신경 시스템 안에서 어떻게 해석해 행동으로 옮기는지는 아직 과학적으로 밝혀지지 않았습니다. 제가 잘못 본 것이라거나 우연의 일치가 아니었다면, 과학의 발전에 힘입어 새로운 검출 장치가 만들어질 때 검증이 이루어지겠지요.

지능은 사귀는 남녀가 눈치 싸움을 할 때와 못지않았고, 놀이를 할 때는 제 행동을 유도하고 더 놀자고 간청도 했지요. 어떤 비글은 제가 너무 힘들어서 공 뺏기 놀이를 중단하자, 절을 하는 자세를 갖추며 두 발로 공을 제 앞으로 쭉 밀어놓더니 도전적으로 제 눈을 살피더군요.

　　개들과 함께 놀 땐 이런 책을 쓸 마음조차 지니고 있지 않았습니다. 그런데 그곳을 떠나서 돌아보니, 지금까지 제 생애 가운데 개들과 함께 뛰고 놀던 그때보다 더 즐겁고 마음이 평화로웠던 적은 없었음을 알게 되었습니다. 그런 한편에서는, 의인화당하는 개들과 유기견으로 떠돌다가 안락사당하는 개들이 아른거려 마음이 무거웠습니다. 보통 사람들이 현재의 애견 문화를 무조건 따르다보면, 개와 인간의 관계 정립에 혼란을 느낄 수밖에 없음이 분명해 보였습니다. 인간과 개의 관계 설정 문제에 대한 짐을 진 것 같은 마음이 떠나지 않았고, '개를 기르는 인간의 정신과 방향'에 대해 깨달은 것들만이라도 전해주려는 노력을 해야 그곳에서 보낸 시간이 더 뜻 깊게 되리라는 걸 알았습니다.

그래서 개들이 허락한 범위 안에서의 교감을 바탕으로 신뢰할 수 있는 관련 자료들을 가지고 검증하며 이 책을 만들기 시작했습니다.

개를 기른다는 것은, 사람이 더 행복해지기 위해 늑대의 후예를 삶 속으로 끌어들여 생활이 달라질 수 있게 요청하는 것과 다르지 않겠지요. 한 도시의 애견 문화는 범세계적일 수 있기에 인류 문명의 한 장과 다르지 않습니다. 이 작품이 인간과 개에 관해 탐구하고 한 발짝 앞으로 내딛을 수 있는, 대화와 소통의 매개물이 되기를 희망합니다.

제 1 장

개는 누구인가?

강아지는 사랑스러운

천진한 아이 같습니다.

귀여움, 반김, 포근함을 재능 삼은 강아지가

마음을 다 빼앗아도 좋습니다.

모양, 움직임, 얼굴, 눈빛, 털, 발, 체온까지

사람을 행복하게 해주지요.

그 누구를 믿거나

선뜻 마음 주기도 힘든 세상을

우리는 살고 있습니다.

이웃은 저에게 관심을 주지 않고,

설령 관심을 갖는다고 해도

불편하고 무서울 수도 있지요.

강아지는 언제나 사람을 따르며 관심과 사랑을 받을 준비가 되어 있습니다. 유전자에 포함된 정보와 어미로부터 들은 기억을 더듬어, 사람을 매혹시킬 수 있는 방법을 탐지해냅니다. 그 커다란 눈을 맞추고, 꼬리 치고, 뛰어오르며, 혀로 입술을 핥으려고 하지요. 그럴 때 안아주지 않고 제지한다면 너무나 슬퍼서 짖어댈 겁니다. 사람의 돌봄만을 전적으로 의지하며, 호의 어린 베풂을 기다리고 바라며 살아야 합니다. 주인이 나타나기만 해도 좋아하고, 바쁘거나 귀찮다고 멀리하더라도 좋아하지요.

강아지를 두고 혼자 집을 나서면 살얼음판 위를 걷는 것 같고, 사람들과 마주치는 것이 불편하다는 소리를 종종 들었습니다. 그때마다 강아지가 보고 싶고, 그립고, 빨리 행복이 가득한 집으로 돌아가고 싶다지요. 집으로 돌아가 현관문을 열면, 강아지가 꼬리 치고 반기며 맞아주어 감격스럽기까지 하다지요. 너무나 오래 혼자 있게 해서 미안하고, 사랑받고 있음을 느끼며, 공동 운명체임을 깨닫게 된다지요. 강아지만 보면 가슴 한 부분이 채워진 듯하고 설레고 행복하다지요.

때론 강아지가 속상하게 만든다면서요. 옷가지 등을 물고 다니다가 내던지거나 뜯어놓고, 방문이나 현관문이 열리면 밖으로 달아나 엉망이 되어서 돌아온다지요. 낯선 손님이라도 오면 적이라도 대한 듯 짖는 바람에 손님을 놀라게 만든다지요. 자기 마음에 드는 곳을 찾아가 엎드려 있거나 졸고 있는 시간이 너무나 많아서 개 팔자가 부러운 적도 있다지요. 그래도 시소를 함께 타던 어릴 때 친구처럼, 그네를 함께 타던 어릴 때 친구처럼, 함께하는 순간순간이 즐겁고 설렌다더군요.

강아지를 입양한 뒤 재미와 기쁨이 늘어났고, 더 열심히 살아야겠다는 의욕도 인다는 말을 많이 들었습니다. 자식처럼 잘 키우고 함께 오래 살아야 할 의무 같은 마음도 퐁퐁 솟아난다지요. 먹이에 더 신경 쓰고, 날마다 산책시켜주고, 털 엉킴 하나까지 신경 써주고, 씻기고, 아픈 데는 없는지 입도 벌려보고, 시간과 관심을 강아지에게 쏟게 된다지요. 그 일은 곧 의무나 습관처럼 되고, 자기에게 허락된 시간 가운데 10여 년을 나눠주게 되겠지요.

강아지의 탄생일이 돌아오면 자기 생일처럼 즐겁다지요. 강아지를 위해 특식을 준비하고, 노래를 불러주고, 춤을 추기도 한다지요. 강아지의 첫 미용일, 첫 주사 맞은 날까지 기념으로 삼는 사람도 보았습니다.

힘든 일들도 개에게 털어놓는다지요.

강아지는 이야기를 끝까지 들어주고 자기편이 되어준다지요.

"고마워, 내 사랑!"

어려움을 딛고 다시 일어설 수 있게 해준다지요.

화가 났던 일도, 슬펐던 일도 강아지 때문에 벗어던질 수 있다지요. 강아지만 보면 힘이 생기고 희망 가득한 즐거운 마음으로 다시 돌아올 수 있다지요.

부모님들도 강아지를 좋아하게 된다면서요. 강아지를 기른 뒤부턴, 이전까진 대화가 없던 아빠와 엄마가 말씀을 자주 나누더랍니다. 기다려, 앉아, 이리 와, 엎드려, 물어 와! 아빠는 훈련시키려 하고 엄마는 "아직 아기예요" 하면서 강아지 편에 서며 웃음이 떠나지 않는다지요. 텔레비전 앞에만 앉아 있던 가족이 강아지가 집에 온 날부터 집 안팎을 가리지 않고 뛰어다니는 통에 즐거운 소리가 끊이질 않더랍니다. 강아지 한 마리가 폭풍전야 같던 집 안을 웃음꽃 피게 바꿔주었다지요.

강아지를 데리고 산책을 나온 사람들을 많이 만나보았습니다.

강아지 때문에, 모르던 사람들의 관심의 대상이 되지요. 말을 걸어오고 친절하게 대해주는 사람이 생기지요. 산책 나온 다른 강아지들도 달려들지요. 이웃 강아지들의 이름도 알게 되고, 동네 사람들과 알고 지낼 수 있는 기회가 찾아들지요.

걷기를 좋아하는 강아지를 따라 산책을 하다보면 자연스럽고 즐겁게 운동도 하게 되지요. 기분 전환이 되고, 체중도 줄일 수 있고, 스트레스도 풀리지요. 엄마 손 잡고 소풍 가던 날처럼 즐거운 세상을 만들 수 있지요.

집 밖을 나서면 강아지는 자기가 가는 모든 곳을 탐색의 대상으로 삼겠지요. 후각·시각·청각을 이용해 사람들과 주변의 사물들을 호기심의 대상으로 삼을 겁니다. 그러다가 아무 곳에나 오줌을 갈기고 똥을 싸기도 하지요. 비닐과 휴지를 꺼내 똥을 치우면서 불평하는 주인은 본 적이 없습니다. 배변을 하고나서 시침 떼며 꼬리를 흔들어대는 모습을 보는 순간 보상을 받기 때문이겠지요.

집에 돌아오면 강아지의 발부터 씻기고 먹을 것을 챙겨주는데, 그 일이 자식 키울 때보다도 기쁘다면서요. 강아지가 방 안에 오줌을 싸놓아도, 빠진 털이 늦봄 플라타너스 꽃가루처럼 집 안에 날아다녀도 속상하지 않다면서요. 드르렁 드르렁 코 골며 자는 모습을 보면 마음이 고요해지고 흐뭇하다면서요.

인간은 숙명 같은 국가와 사회 환경 속에서 성장해 교육을 받고, 직업을 구하고, 결혼해서 아이를 낳고, 주말이면 가족이나 친구들과 유원지 등을 돌고, 노인이 되면 하던 일에서 쫓겨나듯 물러나 죽음을 기다려야 하는 삶의 굴레에 대부분 매여 있지요. 그 속으로 들어온 개는 사람이 다른 행복을 추구할 수 있는 방향을 보여줍니다.

또한 표지도 드러냅니다. 사진 속의 개는 은퇴한 시각 도우미견입니다. 산책하다가 이런 개와 마주치기만 해도 저를 돌아보고, 이웃과 인류에 대한 생각을 해보지 않을 수 없겠지요.

그렇지만 때로는 개와 함께하는 삶이 오히려 더 이기적이거나 폐쇄적으로 치달을 수 있고, 이웃과 담을 두르게 하는 원인이 될 수도 있지요. 인간 사회의 한 구성원으로서 반려견과의 관계를 좀더 바르게 설정하는 일은 그래서 중요합니다.

동물은 '종>속>과>목'으로 나뉩니다.

개들은 크기와 모습이 서로 다르지만, 학술적으로는 모두 개과(Canidae)의 개속(Canis)에 해당하지요. 개의 학명은 카니스 루푸스 파밀리아리스(Canis lupus familiaris)인데, '늑대(Canis lupus)'의 학명에 '친숙함', '가족'을 뜻하는 라틴어 어원 '파밀리아리스'가 더해진 말입니다. 늑대·여우·코요테·자칼은 개의 사촌으로 볼 수 있지요. 야생개는 남극을 제외한 거의 모든 대륙에서 살고 있습니다.

개는 인간의 편으로 들어와 다른 동물과 최초로 맞섰던 우주의 선물과도 같은
존재였습니다. 진화생물학자들이 약 20만 년으로 추정하는 호모사피엔스의 역사 가운데
처음으로 가축이 된 동물이지요. 인간이 먹다 남긴 음식 찌꺼기를 먹으며 재번식을
계속하는 과정에서 사람을 무리의 대장으로 인식하게 되었지요. 야생에서 무리를 이루어
사냥감을 쫓던 일 대신 인간에게 길을 안내하고, 함께 사냥하고, 가축을 돌보고, 외적의
침입을 감시하거나 놀이의 친구가 되었습니다.

사람이든 동물이든 개체의 염색체에 포함된 전체 유전정보(DNA)를 게놈(유전체,
genome)이라고 부릅니다. 개에 관한 게놈 지도는 2005년에 완성되었지요.
인간 · 생쥐 · 쥐 · 침팬지에 이어 다섯번째에 속합니다.

연구자들은 동물의 가축화 시기를 개는 약 12,000~16,000년 전, 소는 약 10,000년
전, 돼지는 6,000~9,000년 전, 말은 5,500년 전으로 추정합니다. 그런데 가축화 시기
이전에도 개는 존재한 것으로 밝혀졌습니다. 현재의 개와 겉모습은 조금 다르지만 길들여진
조상 개로 볼 수 있는 약 33,000년 전의 두개골이 시베리아와 벨기에에서 발견되었지요.

개의 기원에 대한 연구는 아직도 진행형에 속해 있지만, 대부분의 과학자들은 늑대에서 갈라져 나온 것으로 보고 있습니다.

개는 늑대와 DNA의 99.6퍼센트가 같습니다.

로버트 웨인이 이끈 연구팀은 북미 · 유럽 · 중동 등에서 살고 있는 늑대 162마리, 전 세계의 개 140마리(67종류의 순종과 5종류의 혼혈), 자칼 12마리, 코요테 5마리의 미토콘드리아 DNA 배열 비교 연구를 거쳐, 늑대에게서 개가 분리된 시기가 13만 5,000년 전으로 추정된다고 발표했지요. 또한 개는 자칼이나 코요테보다는 늑대와 가장 가까운 유전 서열이 나타난다는 것도 알아냈습니다.

사볼라이넨이 이끈 연구팀은 전 세계의 개 1,700여 마리와 늑대 40여 마리를 대상으로 부계로만 유전되는 Y염색체 분석과 모계로만 유전되는 미토콘드리아 분석을 거쳐, 사람이 최초로 개를 길들이기 시작한 시기가 11,500~16,300년 전으로 추정된다고 발표했습니다. 그 지역은 현재의 중국 영토에 속한 양쯔강 남부이고, 한 마리가 아닌 수백 마리의 늑대를 길들였으며, 벼농사를 짓던 사람들이었다고 주장합니다.

하지만 그래거 라손이 이끈 연구팀은 35개 품종의 개 1,375마리와 늑대 19마리를 대상으로 유전적 차이를 밝히는 SNP(단일염기다형성) 분석을 거쳐 다른 주장을 내놓습니다. 사람들의 인위적 품종 개량으로 개들의 DNA가 너무 많이 뒤섞인 탓에 과학적으로 개의 기원을 밝힐 수 없다고요. 사람처럼 조상이 후손으로 이어지는 번식이 이루어져 내려온 게 아니어서 공통점을 찾을 수 없다지요. 'SNP'는 게놈 가운데 개체 사이의 차이를 만드는 약 0.1퍼센트(한 개 또는 수십 개)의 유전적 '변이'를 말합니다. 사람은 SNP의 차이 때문에 키와 피부색 등이 서로 다르지요.

세 가설을 종합해보면, 미토콘드리아와 Y염색체 분석으로는 기원의 차이는 날지라도 늑대에서 개로 바뀐 시점을 추정할 수 있지만, SNP 분석으로는 기원 추적이 불가능하다고 정리할 수 있습니다. 하지만 미토콘드리아와 Y염색체 분석 결과도 개의 기원에 대해서는 10만 년 이상의 시간 차이가 납니다.

사람이 늑대를 처음부터 길들였는지, 늑대에서 갈라져 나온 야생개를 길들였는지, 지역에 따라 왜 10만 년 이상 시간 차이가 나는지에 대해서는 추가 연구가 필요하겠지요.

그럴지라도 사람이 온순하게 길들이면서 개의 역사가 시작되었다는 데는 많은 연구자들의 의견이 일치합니다.

늑대가 개가 된 까닭은 사람의 필요성, 늑대 또는 조상 개의 생존 전략, 유전체 바이러스의 변이와 재조합 등으로 추정해볼 수 있습니다.

석기시대, 사냥을 나갔던 수렵인들은 채 2개월도 안 된 한 마리 이상의 어미 잃은 암컷 늑대를 발견하고, 귀여움에 동정심이 일어 마을로 데리고 왔을지도 모릅니다. 새끼들은 자라면서 사람을 좋아하고 잘 따랐겠지요. 또는 먹이를 구하지 못한 늑대나 조상 개들이 인간이 사냥한 고기 등의 냄새를 맡고 찾아왔다가 사람들이 던져주는, 먹다 남긴 육류와 살점이 붙은 뼈다귀 등을 받아먹으며 길들여졌을 수도 있습니다. 어떤 경우이든 기르기가 까다롭지 않았을 것이고, 단백질 외에 필요한 칼슘이나 인은 개들이 스스로의 섭취 행동으로 보충했겠지요.

그 시대 인간의 생활은 먹잇감을 사냥하고 짝짓는 데 맞춰졌겠지요. 개를 길들이면서, 인간보다 훨씬 뛰어난 개의 후각을 이용하면 사냥감을 찾아내고 추적하는 데 큰 도움이 된다는 것을 알았겠지요. 사냥 기술의 진보로 식량 확보가 훨씬 용이했을 것이고, 여가 시간이 늘어나며 삶의 질이 향상되었겠지요. 개들이 음식 찌꺼기를 깨끗이 먹어치우면 주거지가 깨끗해지고, 악취가 줄어들고, 세균 감염의 가능성도 줄어들어서 수명도 연장되었을 겁니다.

다른 동물들을 가축으로 삼은 뒤부터는 소·낙타·말 등을 맹수들의 습격으로부터 보호하며 경계하는 임무도 맡겼겠지요. 가축을 모는 일도 해내고, 밭을 일구거나 썰매를 끄는 일도 했겠지요. 주인이 먼 데나 낯선 곳을 갈 때는 위험을 경고해주거나 지켜주는 일도 잘 해냈겠고요. 사람보다 체온이 몇 도 더 높기에 한겨울에 껴안고 자면 추위를 이길 수 있다는 것도 알았겠지요. 그러다가 죽으면 고기는 식량과 약재로 쓰고, 가죽으로는 옷을 해 입었겠지요.

늑대들 또한 야생보다 먹이 구하기가 쉽고 번식에도 더 유리하다는 것을 알았겠지요. 인간의 거주지에 머물면 먹이를 제공해주고, 새끼들에게도 충분한 영양을 공급해주며 잘 돌보아주니까요. 야생에서 늑대는 새끼를 헌신적으로 돌보려고 해도 먹이의 부족과 천적의 습격 등으로, 출산한 새끼들이 모두 독립해 나갈 수 있게 성장시키기가 힘들지요. 새끼가 걷기 시작해 굴속에서 나오면 하늘에서는 독수리나 매가 채 가려고 맴돌고, 땅에서는 다른 여러 포식자들이 서성거리겠지요.

개들이 모두 하나임은 증명되었습니다.

오스트랜더 등의 연구자들은 치와와·몰티즈·포메라니안·퍼그·페키니즈 등의 작은 개부터 망아지만한 그레이트데인 등 큰 개까지, 143종류 3,000마리의 DNA를 분석했지요. 그 결과 몸무게 9킬로그램 이하의 작은 개들은 몸의 크기를 결정짓는 유전자에 하나 이상의 돌연변이가 일어나 몸이 커지는 것을 억제한다는 것을 알아냈습니다.

곧, 유전자 한 개의 성질에 돌연변이가 조금만 일어나도 몸의 크기가 반으로 줄거나 그

배로 커질 수 있고, 성질이 전혀 다른 개가 만들어진다는 것이지요. 소형견과 대형견의

차이는 유전자 한 개의 염기(IGF-1 바로 옆에 붙어있는 15번)가 다르기 때문이지요.

유사인슐린 성장인자 1(IGF-1)은 사람을 비롯한 포유류가 태어날 때부터 청소년기까지

성장에 관여합니다. 체중이 0.5~3킬로그램밖에 나가지 않는 치와와나 77킬로그램이

나가는 세인트버나드가 크기와 몸집은 다를지라도 개라는 본질은 같음이 이로써

증명되었지요. 개과에 속한 동물 가운데 늑대는 보통 몸무게가 25~60킬로그램이지만,

사막에 사는 페넥여우는 체중이 1~1.5킬로그램 안팎입니다.

이러한 돌연변이의 시작은 약 1만 2,000년 전으로 추정된다지요.

개는 몸집이 큰 개와 몸집이 작은 개의 교배도 가능하고, 개과의 동물인

늑대·여우·코요테 등과도 교미와 임신이 가능합니다. 그렇다고 소형견 치와와와 대형견

세인트버나드가 짝짓기를 해서 후손을 남기기는 어렵습니다. 암컷 치와와는 뱃속에서

자라는 세인트버나드와의 혼혈종의 덩치를 감당하지 못하겠지요. 치와와가 수컷일

경우에는 세인트버나드를 임신시키기가 어렵겠지요.

처음 인간에게 사육된 개는 늑대와 잦은 접촉을 가졌겠지요. 그러다가 인간의 행동을 파악하고 명령에 따르는 것이 좀더 자신의 안전에도 이롭고 삶의 질도 풍요로워진다는 것을 알았겠지요. 인간과 함께 사냥에 나가서 곰 등 덩치가 큰 운명적인 천적들을 사냥꾼인 인간의 도움을 받아서 죽이는 놀라운 일들도 경험하고 신났겠지요.

인간과 함께 사냥에 성공해 주인의 식량이 풍부해질수록 돌아오는 먹이 또한 늘어났겠지요. 육류를 말려서 저장하는 것도 한계가 있고, 냉동고도 없던 시대여서 육류의 오랜 저장이 힘들기에 부산물이 많았을 테니까요. 차츰 인간과 함께 사는 법을 택했고, 늑대의 행동 양식에서 어떤 것들을 사용하지 않기로 유전자에 기록해 저장했겠지요. 이런 선호가 후손에게도 거듭해 이어지면서 야생인 늑대와는 다른, 개로 만들어졌다고 볼 수 있겠지요.

계속되는 번식 과정에서, 주인의 의도에 따른 맞춤형 교미와 섭취 음식 등의 영향도 늑대의 세포가 변이와 재조합을 거쳐 개로 진화되는 데 영향을 주었겠지요. 사람의 뇌에는 약 1,000억 개의 뇌세포가 있고, 이 세포들은 '시냅스'를 거쳐 다른 수천 개의 세포와 연결되어 있습니다. 이 연결 조합에서 경우의 수가 수백 조에 이른다지요. 개의 경우도 인간의 간섭과 자기들의 의지에 따라서 끊임없이 뇌가 진화하며 형태와 성질이 다른 품종이 생겨났다고 볼 수 있겠지요.

섭취 음식 또한 늑대의 유전자에 영향을 주었을 수도 있다고 하지요. 린드블라드-토 등의 연구팀은 늑대 12마리와 코커스패니얼 등 14품종의 개 60마리의 게놈 분석을 거쳐, 늑대가 인간이 남긴 음식 찌꺼기를 먹게 되면서 개로 진화했다고 추정합니다. 인간의 음식이었던 쌀·밀·감자 등에 포함된 탄수화물을 장에서 소화시키는 능력이 개가 늑대보다 훨씬 뛰어나다는 것을 알아냈지요. 탄수화물을 영양 성분으로 사용하는 양이 많아지면서 뇌 발달에 관여하는 유전자에도 영향을 주었을 것으로 보고 있지요.

그렇게 인간과 살아오다가, 개를 이용한 사냥과 노동력이 거의 필요 없게 된 현대에 이르러서는 거주 공간이 대부분 실내로 옮겨졌고, 주인의 습관을 행동 양식으로 삼으며 반려 동물이 되어 살고 있지요.

1959년부터 시작된 은색여우 가축화 실험은 늑대가 어떻게 개가 되었는지 실마리를 제공합니다.

벨라예프 등의 연구자들은 야생 상태에서 붙잡은 여우들을 실험 장소에 가두고, 먹이를 주는 과정에서 손으로 만져보려는 행동을 할 때 꼬리를 흔들며 우호적인 반응을 보이며 탐색하는 개체들만 선별했다지요. 공격적이거나 도망치는 개체들과 무관심한 개체들을 걸러내고요. 선별된 여우들끼리 교배시킨 뒤, 온순하고 사람을 잘 따르며 귀여운 개체들만 또 골라내며 수십여 세대를 선택 번식시켰다지요.

그 결과 개와 비슷한 특징을 보이는 여우들이 만들어졌다고 해요. 행동도 개와 비슷하고, 은빛 털 대신 흑백의 얼룩 반점이 만들어지기도 했고, 쫑긋해야 할 귀가 어떤 개처럼 늘어져서 펄럭거리는 개체도 생겨났으며, 말려 올라간 꼬리를 흔들어대는 개체도 태어났다지요. 또한 사람에게 먼저 다가와서 혓바닥으로 개처럼 사람 손을 핥는 개체도 있었다고 합니다. 늑대뿐만 아니라 개과의 동물인 여우도 선택 번식의 과정을 거치면 개와 비슷하게 변할 수 있다는 사실을 알아낸 거지요.

공원에서 개들과 놀 때 그 연구소에서 분양받은 여우를 데리고 나온 분이 있었습니다. 저와 놀고 있던 여러 마리의 개들을 멀리서 바라보기만 할 뿐 다가올 엄두도 내지 못하고 혼자서 안전거리를 유지한 채 뛰어놀더군요.

늦대를 이리라고도 부릅니다. 늑대의 몸무게는 서식지와 종류에 따라 다르지만, 보통 25~65킬로그램이니 대형견과 몸집이 비슷합니다. 개처럼 귀가 늘어지거나 말린 게 없고 대부분 빳빳하게 서 있습니다. 개처럼 꼬리를 위로 말아 올리거나 하지 않고, 발뒤꿈치에 닿을 만한 긴 꼬리를 늘어뜨리고 다니지요. 늑대도 달릴 때는 꼬리를 높이 쳐듭니다. 널리 알려진 개 품종 가운데 위의 알래스칸 맬러뮤트와 다음 쪽의 저먼셰퍼드가 늑대를 가장 많이 닮았지요. 그 밖에 시베리안 허스키와 늑대개도 두 품종 못지않게 늑대와 생김새가 비슷하지요.

　　야생의 늑대는 서열이 확실한 부계사회를 이루고, 자식들을 포함해서 보통 5~12마리가 집단을 이루며 살지요. 20마리까지 무리를 이루기도 하고, 2~4마리가 무리를 이룰 수도 있습니다. 짝을 찾아 나서거나 무리에서 쫓겨난 개체는 홀로 방랑 생활을 합니다. 일부일처제를 추구하고, 임신 기간은 개의 평균(63일)에 가까운 60~62일이며, 3~14마리의 새끼를 낳습니다. 바위 틈, 절벽 밑 큰 바위 아래, 자연 동굴 등 여러 곳에 집을 만들어놓고, 포식자가 접근하면 안전한 곳으로 새끼를 이동시키는 습성이 있지요.

늑대는 서식지에서 수십~수백 킬로미터를 이동하며 사냥합니다. 족제비 · 다람쥐 · 쥐 등의 설치류와 토끼나 조류는 주로 혼자 사냥하고, 멧돼지 · 영양 · 사슴 · 순록 · 들소 같은 큰 동물들은 무리를 지어 추격해 먹이로 삼지요. 연어나 송어도 잡아먹습니다. 주로 늙거나 힘이 약한 짐승을 목표로 삼기에, 생태계의 건강을 유지하는 데 일부 도움을 준다지요. 날마다 사냥에 성공하는 것은 아니어서 어떤 때는 10여 시간 이상을 사냥에 쏟아 부어야 하고, 실패할 때는 며칠씩 굶기도 한답니다. 스라소니 · 살쾡이 · 여우 · 곰 · 퓨마 · 자칼 · 표범 · 사자 · 호랑이 등과 먹이 경쟁을 하지요. 먹잇감을 잡으면 그 자리에서 먹는 경우가 많고, 자기 몸무게의 15~19퍼센트까지 섭취가 가능해서, 털과 뼈만 남을 때까지 고기를 많이 먹어두는 습성이 있지요. 배불리 한 번 먹으면 일주일 동안은 물만 먹으며 살 수 있답니다. 새끼들이나 사냥에 참여하지 못한 동료나 부하들에게 먹이를 나눠주기도 합니다. 같은 무리끼리는 서로 도우며 살지만 다른 무리와는 경쟁하지요. 영역 다툼이 죽음의 원인이 되는 경우가 많습니다. 늑대의 울부짖는 소리는 130킬로미터까지 퍼져 나갑니다. 현재 많은 나라에서는 늑대가 멸종됐기에, 늑대의 먹잇감이던 초식동물 등이 지나치게 많아져 농작물 피해가 잇따른다고 합니다. 일부 나라의 지방자치단체 등에서는 생태계의 건강을 위해 늑대를 삼림에 방사하려는 노력을 시도하고 있지요. 하지만 가축 약탈과 공수병의 위험 때문에 반대하는 목소리도 크지요. 사진 속의 아직 어린 알래스칸 맬러뮤트와 진돗개도 야생화한다면 늑대처럼 위험합니다.

개는 같은 크기의 늑대보다 두개골은 20퍼센트가량, 뇌는 30퍼센트가량 작습니다. 다른 개과의 동물과 마찬가지로 사냥에 적합하게 턱이 발달해 있으며, 치아가 예리하고 튼튼합니다. 늑대보다 크기가 조금 작지만 늑대와 같은 42개의 이빨을 갖추고 있습니다. 앞니는 먹이를 물어뜯을 때, 송곳니는 먹이를 찍어 물고 조각낼 때, 앞어금니와 어금니는 먹이를 자르고 부술 때 이용합니다. 밤중에 함께 놀던 불테리어는 다 큰 비글의 목줄을 입에 물고 차력사 못지않게 끌고 다니더군요. 끌려 다니지 않으려고 비글이 계속 버티며 저항했지만 소용없었습니다.

개는 어금니가 있어서 육식뿐만 아니라 채식이 가능하게 진화할 수도 있습니다. 그뿐 아니라 하이에나처럼 상한 고기를 먹어도 위에서 살균을 시키고 건강을 유지할 수도 있었지요.

개는 혀를 앞뒤로 움직여 침을 증발시켜 체온을 유지합니다. 눈의 생김새로는 아몬드형 · 계란형이나 타원형 · 삼각형 등이 있지요. 눈동자는 갈색이나 검은색이 대부분이지만, 콜리나 시베리안 허스키처럼 푸른 눈을 가진 개도 있습니다. 귀는 저먼셰퍼드처럼 양 끝이 뾰족 서 있는 모양이 대표적이지만, 귀 끝이 접힌 듯 늘어진 개들도 있고, 귀 안이 들여다보이는 개도 있으며, 커다란 귀가 아래로 축 늘어진 것들도 있습니다.

개가 지닌 여러 모양의 털은 몸속에 있는 세 개의 유전자가 만들어낸다는 것이 밝혀졌습니다. 풍성한 수염과 눈썹을 갖느냐 아니냐 여부를 결정하는 유전자가 있고, 털 길이를 결정하는 유전자가 있으며, 곧은 털이나 곱슬 털로 정하는 유전자가 있다지요. 이 세 유전자들의 다양한 조합으로 개의 털이 이루어진다고 합니다.

개는 탁월한 후각과 청각을 이용해 주인의 감정 변화를 읽어낸다는 얘기도 있습니다. 자기 생존을 돕고자 주인의 행동을 지지해주고 위로해줄 수 있는 특별한 능력도 지니고 있는 것으로 밝혀졌지요.

개는 후각>시각>청각순으로 감각이 발달되었습니다.

개는 냄새 맡는 능력이 잘 발달해 있습니다. 코의 생김새와 색깔은 여러 가지이고, 코의 길이가 길수록 후각이 발달되었다고 하지요. 품종에 따라 차이가 있지만, 개의 코에는 냄새를 분석하는 기능을 지닌 세포가 약 2억 개 안팎으로 존재합니다. 그에 견주어 사람의 코에는 500~2,000만 개의 냄새 분석 세포가 존재합니다. 체감으로는 개가 사람보다 후각이 10만~100만 배 발달되었다고 하지요.

개가 킁킁거리는 것은 많은 양의 공기를 들이마시며 냄새를 분석하고 분류해 정보를 파악하기 때문이지요. 개들은 다른 개들과 마주쳤을 때 생식기에 코를 대고 킁킁거리거나 핥으면서 정보 탐색 등을 하지요. 수캐는 암컷의 분비물에서 전해지는 '페로몬'을 분석해 누가 임신 가능한 시기에 있는지를 알아냅니다. 암캐의 페로몬은 약 5킬로미터까지 날아간다지요.

개는 다른 동물보다 시력이 크게 좋지는 않지만, 움직이는 물체를 빨리 포착하는 능력이 뛰어나 사냥에 최적화했다고 볼 수 있습니다. 동물의 시력은 돼지＞양＞소＞개＞말순입니다.

개는 자주색·청색·노란색의 농도 차이로 물체를 식별합니다. 초록을 초록으로, 빨간색을 빨간색으로 식별하지는 못하지요.

사람은 개보다 더 낮은 소리를 들을 수 있습니다.

개가 들을 수 있는 주파수는 40~60,000헤르츠(Hz)입니다. 사람의 가청 주파수는, 유아는 16~20,000헤르츠이고 성인은 고막의 손상으로 말미암아 20~16,000헤르츠라고 합니다. 헤르츠는 문화어로, 전파나 음파 등이 초당 진동하거나 깜빡이는 수를 뜻하지요. 곧, 개는 1초에 40번부터 60,000번까지 공기가 떨리는 소리를 귀로 들을 수 있다는 뜻이지요.

사람의 낮은 소리를 듣는 능력은 개뿐만 아니라 다른 동물에 견주어도 훌륭한 편에 속합니다. 코끼리(12헤르츠)보다는 떨어지지만, 고양이(60헤르츠), 사자와 호랑이(110헤르츠), 말(320헤르츠)보다 더 낮은 소리를 들을 수 있습니다.

사람은 개보다 더 높은 소리를 낼 수도 있습니다. 비록 여자 가운데 일부만 해당하지만 말입니다. 성악가 가운데 소프라노는 약 247~1,200헤르츠까지 소리를 낼 수 있지요. 개와 늑대는 52~1,080헤르츠까지 소리를 낼 수 있습니다. 1킬로헤르츠는 공기가 1초에 1,000번 진동함을 나타내는 단위입니다.

개가 동물 가운데 가장 높은 소리를 들을 수 있는 건 아닙니다. 박쥐는 1,000~12만 헤르츠, 돌고래는 150~15만 헤르츠까지 들을 수 있습니다. 나방과 나비는 3,000~15만 헤르츠까지 들을 수 있지요.

개의 행동을 읽을 줄 알면 특정한 훈련을 시킬 수 있고, 좀더 순종적으로 길들일 수도 있습니다.

개는 외부의 자극을 받으면 곧바로 반응해 행동으로 나타냅니다. 그 행동은 자기 자신의 보호나 종족 유지를 위해 무리를 보호하는 것으로 나타납니다.

유전자나 환경뿐 아니라 '사회화 학습'도 행동에 영향을 준다고 합니다.

개의 행동적 특성으로는 추적행동, 의사소통, 복종, 영역 표시와 세력권 설정, 싸움과 투쟁, 친밀과 우호, 위장과 은폐 등을 들 수 있습니다.

개는 반복된 훈련이 아닌, 진행을 예측할 수 없는 놀이를 좋아하고 즐깁니다. 뛰어 도망치던 사냥감을 뒤쫓던 습성이 남아서겠지요. 이러한 특성을 추적행동이라고 부릅니다. 강아지가 장난치는 대부분은 야생에서 사냥 기술을 익히던 습성에 기인하거나, 집단생활에서의 순위 정하기가 달라져 나타난 경우가 대부분이라고 합니다. 사람에게서 길러지다보니 야생의 본능을 그렇게 풀 수밖에 없나 봅니다. 그러면서 운동도 하고, 음식 소화도 돕고, 환경에 적응하며 성장하는 것이겠지요. 소파나 신발을 씹거나 목재 등의 딱딱한 가구를 물어뜯거나 손상시키는 것은 야생에서 대형동물을 추적해서 포식하던 습성이 나타난 경우랍니다. 그러면서 턱 운동도 하고 송곳니도 사용해볼 수 있겠지요. 개들은 사람의 가재도구나 의류를 지켜야 할 가축 같은 대상으로 인지하지 못하지요. 늑대의 무리 안에서라면 마땅히 축하하고 칭찬받을 만한 행동이겠지요. 훈련이나 산책 시간을 늘려서 개가 지루해 하지 않게 해주고, 송곳니가 생길 때쯤부터는 턱 운동과 송곳니 사용이 가능할 수 있도록 물거나 씹으며 놀 수 있는 장난감을 주면 되겠지요.

개들은 서로 냄새를 맡거나 짖거나 머리·꼬리·귀·눈 등의 움직임을 통해 의사소통을 합니다. 서로 핥아주거나, 코를 비비거나, 항문이나 생식기의 냄새를 맡는 행동은 한 무리의 구성원임을 확인하거나 무리 속으로 받아들이는 의식이지요. 인간의 춤과 같은 뜻일 수도 있지요. 반가움과 기분이 좋은 감정 표현은 꼬리를 수평으로 빠르게 흔드는 것으로 나타냅니다. 상대를 위협할 때는 꼬리를 우뚝 세우고 으르렁거립니다. 그런 상태에 있다가 꼬리를 흔들며 천천히 다가오면 공격할 수 있다는 경고와 다르지 않지요. 개가 짖는 것은, 그만큼 자기에게 중요한 일이니 상황 판단을 다시 하고 시정해달라는 요구가 대부분입니다. 타협하기 싫고, 자기로서는 정말 받아들일 수 없다는 항의이지요. 기뻐서 짖는 것은 얼굴 표정으로 알아볼 수 있습니다. 한 마리가 짖을 때 주위에 있는 여러 마리가 따라서 짖는 것은 탐색과 의사 교환이 결합된 것으로 볼 수 있겠지요. 익숙하지 않은 냄새·사물·소리를 감지했으니 조심하라고, 먼저 발견한 개가 정보를 공유하고, 주변의 개가 응답하며 또 다른 개들에게 알리는 것이겠지요. 함께 짖는 것은, 자기들이 무리를 지었고 힘이 세니 물러가라는 집단 경고이거나 위협의 뜻을 전달하는 것으로 보고 싶습니다. 습성에 따른 흉내 내기라는 연구자들도 있지요.

늑대는 무리 가운데 대장에게만 복종하고 그 나머지는 무시하는 성향이 있습니다. 야생에서 늑대가 무리의 대장에게 대적해봐야 돌아올 것은 죽음이든지 부상이겠지요. 무리의 대장은 힘으로 성립되기에 그러한 자질이 길러지기 전에는 맞서봐야 이득이 될 수 없음을 개들도 알고 있습니다. 무리를 이룬 개들은 냄새 맡고, 보고, 소리를 들으면서 상대를 알아나갑니다. 서로 올라타거나 다투어 서열을 정하기도 합니다. 서열이 낮은 개는 배를 드러내고 오줌을 싸기도 하며, 꼬리를 내려서 생식기에서 나오는 냄새를 상대에게 감춥니다.

　개가 전봇대나 말뚝 등에 배설물을 흘리거나 털을 묻혀놓는 것은 영역 표시로 자기의

세력권을 알리기 위해서입니다. 늑대도 같은 행동을 한다지요. '이곳 주위에 내 먹이와 자는

곳과 쉴 곳이 있으니 너는 물러가라'는 뜻이 담겨 있습니다. '이곳은 떼어줄 수 없으니 더

접근하면 공격하겠다'는 신호로도 사용되고요. 이는 그 개가 자신감에 차 있고, 활동 지역을

마음에 들어 하며, 야생의 습성이 많이 남아 있다는 것을 뜻합니다. 발정기에 든 암컷의

경우에는 수캐에게 자신이 임신 가능하다는 정보를 알리는 구애의 수단으로도 사용합니다.

먹이 사냥이 필요 없는 지금의 개들이 싸움과 투쟁을 하는 데는 무리 안에서의 서열을 결정하려고, 세력권 유지나 확보를 위해, 암컷과 교미하려고, 상대를 억누르려고, 다쳤을 때 아픈 곳을 건드리지 못하게 하거나 생존을 위해, 불안을 스스로 이기지 못해서, 먹이를 먹을 때 접근하지 못하게 하려는 등의 까닭이 있지요. 싸움은 위협 · 공격 · 방어 · 도피 · 추적 등의 조합으로 이루어집니다.

개들은 냄새 묻히기를 좋아하고, 죽은 동물의 냄새 등 사람이 악취로 여기는 냄새들을 좋아합니다. 사람이 가장 좋은 향수를 개에게 뿌려주어도 개는 불편할 수 있지요. 썩은 악취가 나는 것에 몸을 비벼서 다른 동물이 자기 냄새를 맡지 못하게 위장도 하고, 흙 등으로 자기 배변을 긁어 덮기도 합니다. 이러한 위장과 은폐 행동은 포식자에게 자기의 냄새를 숨기거나 먹잇감에 노출되지 않고 접근할 때 도움이 됩니다.

개들 사이의 친밀과 우호는 꼬리 흔들기, 추적하기, 장난 걸기, 핥기, 깨물기, 몸 비비기, 올라타기, 뛰놀기, 머리 흔들기, 뒹굴기 등의 유희 행동으로 알아볼 수 있습니다.

제 2 장

사람에게선 찾을 수 없는 사랑

저는 지금까지 혼자 살면서 제 밥도 제대로 챙겨먹지 못해 강아지를 데려오지 못했습니다. 집을 비울 땐 맡아줄 사람도 마땅치 않고, 도서관에 틀어박혀 있을 때가 많아서 더 엄두가 나지 않았지요. 다행히 이미 십여 년 전에 강아지에 대한 동화를 써본 적이 있기에, 개에 관한 공부를 그때 했었지요. 어쩌면 그때부터 강아지를 입양할 준비를 갖춰놓았던 거나 마찬가지일 것 같습니다. 사육에 필요한 여러 조건을 알지 못한 채 감정적 판단만으로 입양할 수는 없기에, 신뢰할 수 있는 정보들을 모으면서 어떻게 기를지에 대한 준비는 세워놓고 있었지요.

집 안에서 혼자 고독을 즐긴다든지 하는 생활은 사라지게 되겠지요. 밥을 먹으려고 하면 강아지도 낑낑거릴 것이고, 저만 보이면 다가와 꼬리를 치고 핥아대면서 한 번이라도 더 관심을 받고 싶어하겠지요. 제 보살핌이 어제 같지 않으면 사랑을 되찾기 위해 짖어대거나 전에 없던 이상한 행동도 하겠지요.

지금 아무리 친한 친구라도 10여 년 뒤에도 친구로 지낼 수 있다고 보장할 수는 없지요. 하지만 강아지를 입양하면 10여 년 남짓 함께 살게 되겠지요.

몽골의 어느 유목민들은 낙타가 새끼를 낳으면 잘 키우며 돌보겠다는 사랑의 약속을 한다고 합니다. 저도 강아지를 입양하면 약속할 생각입니다.

'네 생명이 다하는 날까지 굶기지 않고, 가둬놓지 않고, 어떤 병에 걸려서 돈이 들어도 치료를 받게 해주고, 내가 아무리 가난하게 될지라도 버리지 않고, 남에게 팔지 않겠다.'

보통 8주 정도 되면 강아지는 어미젖을 뗄 수 있기에, 입양할 새 주인에게 갈 수 있다지요. 강아지의 번식과 양육과 분양을 전문으로 하는 사람들은 7~10주가 입양의 적기라고 말하지요.

강아지를 입양하기 전에 먼저 강아지의 두뇌 · 감각 · 신경이 정상인지를 직관적으로라도 판단할 수 있어야겠지요. 또한, 지배성이 강한지, 온순한지, 정서적으로 더 안정된 강아지인지도 살펴볼 수 있겠지요.

발육 상태가 좋고 활기 넘치는 움직임을 보이는 강아지라면 더 좋겠지요. 눈빛이 흐리고, 눈물을 자주 흘리고, 눈곱이 끼고, 충혈돼 있는 강아지보다, 눈빛이 맑고 반짝인다면 마음이 놓이겠지요. 털이 숭숭 빠지는 강아지보다 털이 빠지는 것 같지 않아 보이고, 털이 거칠지 않고 윤기가 흐른다면 더 반갑겠지요. 귀에서 악취가 나거나, 생식기가 깨끗하지 않거나, 항문에 변이 묻어 있는 강아지보다, 청결하고 소화를 잘 시키는 강아지라면 더 흐뭇하겠지요. 목을 살며시 만졌을 때 기침을 하는지 체크해 기관지염에 걸렸는지도 알아볼 수 있겠지요.

하지만 건강하지 않은 강아지를 입양해 기른다면 남과 다른 인생을 사는 방법이 될 수도 있겠지요. 동물병원에서 치료를 거쳐 개의 건강을 회복한 뒤 기르면 되니까요.

강아지가 순종인지 혼합견(믹서견)인지도 중요하더군요. 순종들 대부분은 목적에 맞게 선택 교배해 만들어져서 수백 년 이상 사랑받아온 것들이지요. 순종의 장점은 어미 개의 모양·크기·성질 따위의 특징을 새끼에게 잘 물려준다는 데 있더군요. 사육 방법 등에 대한 연구 자료가 축적되어 있어서 그에 대한 충분한 정보를 구할 수 있지요. 성견이 된 뒤의 모습이라든지 성격이나 행동 등을 미리 예측해볼 수도 있지요. 이와 달리 품종에 따라서는 어떤 특정한 병에 잘 걸리는 사례도 있다더군요. 혼합견은 미래에 어떤 유전적 성질을 보이며 자랄지 예측하기가 순종보다 힘들다더군요. 좀더 예측 가능한 범위 안에서 개를 다루고 싶다면 순종을, 어떤 실험적인 상황도 받아들일 수 있다면 혼합견의 사육도 고려해보라고 하더군요.

개들과 놀아본 결과, 혼합견을 입양하더라도 잠재된 특질은 개의 공통적 특성에 기준을 두면 되고, 반려견으로 기를 거라면 굳이 가릴 필요가 없다는 것을 알게 되었습니다. 혼합견 또한 주인의 행동 패턴에 따라서 차분한 개로 바뀔 수도 있고, 활력 있는 개로 호흡을 맞출 수도 있음을 수없이 보았습니다. 개들도 생존을 위해 계속 노력할 것이기에, 그 어떤 개이든 주인의 사육 방향에 맞춰 저마다의 성장을 이루어갈 수 있겠지요. 감정적 판단만으로 부적합 대상의 강아지 입양을 고려한 게 아니니 정신적·신체적·경제적으로 부담스러운 일들이 생겨도 헤쳐나갈 수 있을 것 같습니다.

하지만 혼합견은 새끼라도 낳으면 판매가 힘들 뿐 아니라 무료 입양할 사람을 구하기도 어렵기에 입양할 경우에는 불임수술을 받도록 하는 게 좋다더군요.

강아지의 성장 과정을 지켜볼 수 없었을 경우, 개 소유주의 인성과 강아지와 부모 개와의 관계를 보고 입양 결정을 내리는 게 좋다면서요.

부모 개에 관한 정보를 알고 환경적 요소도 비슷하다면 강아지의 행동을 읽는 게 훨씬 수월하겠지요. 그렇지 못한 상황일 때는 양심적인 분양 전문 업체를 수소문해 이용하는 게 좋다더군요. 그마저도 여의치 않을 때는 애견샵을 이용할 수도 있겠지요.

애견샵 강아지의 문제점은 어미 개에 대한 유전적 성질의 증명이 힘들고 강아지가 어떤 '사회화 교육'을 거쳤는지 모른다는 데 있겠지요. 판매를 위해 전국으로 이송될 때 적어도 며칠 이상 폐쇄적 환경에 놓일 수밖에 없는 것도 문제가 될 수 있지요. 또 판매될 때까지 예전 주인만큼의 정성 어린 보살핌을 받지 못한 채 유리 상자나 철망 안에서 갇혀 지내며 운동·놀이·산책 등의 제한을 당한 상태로 전시 상품이 되는 것도 좋은 경험은 아니겠지요. 그 기간 동안의 정신적 스트레스는 성견이 된 이후에도 영향을 준다네요.

동물보호소에 있는 유기견들은 애견샵의 개들보다 더 많은 관심을 쏟아야 하겠지요. 대부분의 유기견은 성견이기에 이미 성격과 행동의 틀이 정해져 있다고 보아야겠지요. 길을 잃거나 뛰쳐나온 개라면 두뇌나 감정에 문제가 있다는 것이고, 버려진 개라면 학대를 받았든지 이전 주인의 사육 환경이 좋지 않았을 테니 스트레스가 쌓였겠지요.

하지만 유기견을 기르는 사람들의 얘기를 들어보면, 만족도가 높은 것 같았습니다. 성격과 행동의 틀은 행동을 교정하면 맞춰 살아갈 수 있다더군요. 주인에 대한 충성심과 집착이 강화돼 낯선 사람을 보통 개들보다 더 경계하는 것이 눈에 띄는 정도였습니다.

더구나 동물보호소에 있는 유기견들은 입양하는 사람이 없으면 안락사당하지요. 길을 잃거나 집을 뛰쳐나온 개일지라도 실수를 눈감아줄 수 있어야겠지요. 사람도 생활하면서 깜빡 길을 잊는 경우가 한두 번이 아니고, 가출하는 경우도 있지요. 버려진 개나 학대받았던 개는, 제대로 된 주인을 만나보지도 못하고 고생하며 적응하다가 죽음 앞에 선 것들이니 불쌍하지요.

다만 어떤 개는 계속 부적합한 행동을 보일 수도 있기에, 처음 개를 기르려거나, 신체적으로 개를 통제할 능력이 안 되거나, 충분한 관심을 쏟을 수 있는 환경이 아니라면, 호기심이나 동정심만으로 입양하지는 말라더군요. 같은 종의 개를 키워본 사람이 개를 잃고난 뒤 다시 입양하는 경우이거나, 충분한 사육 조건을 갖추었고, 예측할 수 없는 일이나 곤란한 일들도 척척 수습해낼 수 있는 기질을 타고났다면 유기견의 입양도 좋은 결정이 될 수 있겠지요.

개의 어떤 특성이 사랑스럽게 느껴지고 마음을 흔들어도 입양 전에 현실적인 여러 요인을 다시 한번 생각해보아야 하겠지요.

그 품종이 가지고 있는 능력을 최대로 이끌어내기 위해서는 환경적 요인이 뒷받침되어야겠지요. 신선한 공기를 제공해주어야 하고, 햇빛과 그늘을 개가 선택해 찾아들 수 있도록 해줘야 하고, 그 품종의 활동에 적합한 기온과 습도도 갖춰야 하고, 알맞은 먹이 제공뿐만 아니라 신선한 물도 제공해주어야 하겠지요.

　　개의 집은 환기가 잘 되고, 늑대가 굴속으로 들어가 숨듯 은신하는 기분을 느낄 수 있게 꾸며주는 게 좋다면서요. 개들은 하루에 10~14시간을 자더군요. 소는 되새김질 시간을 휴식 행동에 포함하면 14~15시간을, 양은 12시간을 휴식과 수면에 사용한대요. 개가 저보다 늦게 일어나더라도 화내지 않을 거예요. 게으른 놈, 하고 발로 차지도 않을 거고요.

개를 실내에서 키울 경우, 개에게 맞는 환경인가 살펴보고 바꿔줄 수 있어야겠지요.

전기선 등이 개가 물어뜯을 수 있게 되어 있지는 않은지, 창문으로 떨어지면 다칠 수 있는

구조는 아닌지, 개가 뛰어오르면 깨지거나 문제가 되는 것들을 진열했거나 걸어놓았는지

등을 살펴야 하겠지요. 강아지가 기어 들어갈 수 있는 틈새가 있다면 물어뜯기 힘든 것으로

막아놓아야 하겠지요. 자동차 부동액, 청소용 세제 등 개가 무심코 먹을 수 있는 것들은 더

이상 바닥에 놓아두어서는 안 되겠지요.

개가 방 안에 오줌과 똥을 싸놓거나 소파를 물어뜯어도 아무렇지 않게 치울 수 있을 것 같아요. 마당이나 정원에서 키우게 된다면 화초를 파헤쳐도 아무렇지 않게 수습할 수 있을 것 같아요. 화분에 옮겨 담아 다른 곳에 놓으면 되겠지요.

하루 이상 외출할 때나 여행할 때 개를 맡아줄 사람도 생각해두어야겠지요. 제가 아플 때 개를 대신 돌보아줄 사람도 필요하겠고요.

이웃집에 피해가 가지 않게 해주어야 되겠지요. 윗집·아랫집·옆집 가운데 개를 싫어하는 사람이 있다면, 개 짖는 소리와 배설물과 무서움 때문에 다툼의 원인이 될 수도 있으니까요. 우편배달부나 가스검침원 등의 방문 때 그들이 불안하지 않게 해줄 대책도 세워야겠지요. 개를 싫어하는 사람을 집으로 초대하거나 어린이나 노약자가 방문했을 때를 대비해 개를 안전하게 묶어둘 수 있는 곳도 만들어놓아야겠지요.

개의 건강도 날마다 체크해주어야겠지요. 이미 알려진 병원체에 대한 면역을 얻을 수 있도록 예방 접종도 해주어야 하고요. 세균·바이러스·기생충에 감염되면 이상한 행동을 하거나 활동이 둔화되다가 생명을 잃기도 한다면서요. 개에게 신체적·정신적 이상이 있을 때 동물병원에서 치료를 받게 해줄 경제적 능력도 있어야겠지요.

개의 질병에 관한 공부를 하다가 책을 덮었던 적이 있지요. 수의학 영역이기에 전문적인 공부가 필요하기 때문이었지요. 설령 응급처치 방법을 알더라도 산책 때마다 붕대나 약품을 챙겨가지고 다닐 수도 없지요. 그런 대비보다는, 내 개에겐 나쁜 일이 일어나지 않는다는 마음과 확신을 지니고 산책을 나서는 게 개를 기르는 마음과 부합하겠지요.

개에게 문제가 있는 것이 느껴졌을 때 곧장 동물병원에 데려가는 것이 개의 생명을 살리거나 건강을 회복할 수 있는 지름길이겠지요. 수의사의 도움을 받기 힘든 환경에 처했을 때 인터넷을 거쳐 대처법을 찾을 수 있겠지요.

강아지를 입양하면 가장 먼저 수의사를 찾아갈 거예요. 검진을 거쳐 병에 대한 이력을 만드는 게 필요하고, 강아지가 수의사의 얼굴을 알도록 해주는 것이 좋을 것 같아요. 그렇다고 만날 때마다 아픈 주사를 놓아주는 수의사를 강아지가 좋아하지는 않겠지만요.

강아지를 처음 데리고 온 날부터 며칠 동안은 강아지를 가까이 재울 거예요. 주인이 무리의 대장이자 부모견과 마찬가지가 되었기 때문이지요.

그렇더라도 강아지를 같은 침대에서 재우지는 않을 거예요. 강아지는 이제 독립할 시간이고, 무리의 대장인 주인과 추종자인 강아지가 한 침대에서 자면 근본적인 서열 문제가 발생할 수 있다네요. 주인의 침대 밑에 강아지가 머물 집을 며칠 동안만 놓아두면 충분하대요. 저는 그런 이유보다는, 제 곁은 제가 좋아하는 사람을 위해 비워두려고요. 설령 제가 아무리 나이가 들지라도, 그 사람이 강아지보다 늦게 나타나더라도 말이지요.

이런 여러 조건들을 생각해두었지요.

내 몸의 에너지와 입양할 곳의 에너지와 강아지의 에너지가 합치되는 느낌이 있다면, 곧 강아지와 만났을 때 기쁘고 행복하다면, 더 이상 망설이지 않아도 된다면서요? 완전한 개는 세상에 존재하지 않는다면서요?

개는 생후 16주까지의 기간이 성장에 큰 영향을 준대요. 이 기간 동안의 강아지에 대한 교육을 '사회화 교육'이라고 부르더군요.

이 기간 동안에, 강아지가 살아가면서 세상에서 맞닥뜨리게 될 많은 것들에 대해 알맞게 행동하며, 부정적인 습성을 갖지 않도록 길들이는 게 좋다지요. 개가 주인의 일을 충분히 도와서 인정받고 먹이를 대가로 얻으며 살아가고 있다는 확신을 갖게 이끌어주라더군요.

강아지의 유전자는 부모견의 영향만 받는 게 아니지요. 조상 개들을 인간이 사육하면서 어떤 습성으로 길들였는지 파악할 수가 없기에, 늑대와 공유하는 행동적 특성과 개 품종별 공통적 특성과 부모견을 참고삼아서 강아지의 행동을 읽고 이끌어주며 사회화 학습을 시작할 수밖에 없겠더군요.

강아지는 태어나서 한동안은 볼 수도 없고 들을 수도 없다지요. 생후 14~21일쯤 사이에 눈의 망막에 물체의 형상이 제대로 만들어져 볼 수 있게 된다면서요. 16일쯤 되면 일어나 걸을 수 있고, 들을 수 있고, 짖을 수 있고, 형제들과 놀며 장난친다면서요.

걷고, 보고, 들을 수 있는 시기가 되면 어미 개는 강아지들에게 살면서 필요한 정보를 제공하기 시작하겠지요. 해도 되는 행동과 하지 말아야 할 행동, 먹어도 되는 것과 먹지 말아야 할 것 등을 알려줄 것 같아요.

그런 사회화 교육이 3~6주 사이에 어미 개를 중심으로 무리 안에서 이루어진대요. 그 뒤 어미와 형제들과 놀이를 거쳐서 추적행동과 싸우는 방법 등을 배우게 된다는군요.

주인이 개입하는 사회화 교육은 생후 3~12주 사이에 이루어지는 것이 가장 좋다지요. 5~12주가 최적기라고 주장하는 전문가들도 있지요. 이 시기는 어미 개의 사회화 교육과 겹치지만, 꼭 필요하다더군요.

나쁜 행동의 틀이 만들어지지 않게 보듬어주고, 활기 있게 살 수 있도록 길들여야 한다네요. 후각 단서와 시각 단서를 활용할 수 있게 도와주고, 몸짓과 소리 등을 거쳐 개답게 행동할 수 있는 기본을 만들어주래요. 집 밖으로 나가면 어떤 것들이 있고, 무엇과 함께 살아야 한다는 것 등도 알려주래요. 이웃 사람, 자동차, 다른 개나 동물 등 세상에 있는 다양한 것들과 대면하고 경험할 수 있게 해주면 되겠지요. 어미 개가 이 모든 것들을 모두 보여주며 교육시키기엔 어려움이 많겠지요. 그렇더라도 예방 접종을 마치기 전에는 세균 감염의 우려가 있으니까 조심해야겠지요.

다른 개나 사람을 문다든지, 금지된 어떤 장소에 집착한다든지 등의 행동을 보이는 개의 상당수는 어릴 때 사회화 교육 과정을 충분히 소화하지 않았기 때문이라지요. 그런데 현실은 강아지의 입양 전에 이러한 사회화 교육을 거쳤는지 알 수 있는 방법이 거의 없는 것과 다르지 않더군요. 입양 전에, 어떤 교육이 이루어졌는지 기록과 증명 등을 제공받을 수 있는 제도가 뒷받침되면 좋겠어요. 강아지들은 인간 사회에 투입되어 사람을 기쁘게도 하고 놀라게도 만드니까요. 또한 어미 개와 새끼를 함께 살필 수 있다면 결정을 내리기 훨씬 수월하겠지요.

강아지를 입양한 뒤에는 함께 사는 사람과 집의 구조와 물건들에 익숙해지게 해줘야겠지요. 강아지가 두려워 하는 것들로부터 보호해주거나 적응시켜주고, 휴식 시간과 놀이 시간도 정해줄 겁니다.

최대한 야성을 살려주고, 운동이나 일을 할 시간을 만들어주고, 감정 교류의 시간은 일정한 시간 안에서만 하라더군요. 강아지가 혼란을 느끼지 않게, 처음 길들인 대로 일관성 있게 나아가라더군요. 그러면 개는 주인의 명령을 따른다는군요. "저를 이런 방향으로 이끌어주세요!" 하고 강아지가 건의할 수는 없는 일이기에, 주인의 올바른 가치에 따른 사육 방향 설정은 개에겐 운명과 다르지 않겠지요.

강아지를 입양하면 사육 환경에 대한 배려뿐 아니라 먹이의 양과 질을 정해주어야겠지요. 알맞은 영양분의 섭취가 있어야 몸속의 기관과 조직과 세포들이 그 목적대로 기능을 수행할 수 있을 테니까요.

개도 생명과 건강 유지를 위해선 그에 필요한 탄수화물 · 단백질 · 지방 · 비타민 · 무기물질 등의 영양소를 먹이를 거쳐 공급 받아야 하겠지요. 물 또한 따로 챙겨주어야겠지요.

소형견과 대형견의 에너지 소비량은 차이가 있고, 개체별 성장 곡선에 따라서도 건강을 유지하는 데 필요한 영양소 비율이 다르더군요. 제가 단백질 · 탄수화물 · 지방 등의 함유율을 가려서 제공하기는 현실상 어렵기에 사료에 의존할 수밖에 없을 것 같아요. 어느 정도의 섭취량이 적당한지는 사료 포장 등에 적힌 안내문을 참고하거나, 사료회사에 문의하거나, 수의사와 상담하면 어려움이 없겠지요.

개의 먹이 제공에 대한 기본 원칙은 세워놓았습니다. 하루에 두 번만 먹이를 주면 충분하겠더군요. 먹이 제공 시간은 11~18분 사이가 평균이고, 하루 생활에 필요한 칼로리만 공급해주면 되더군요. 개의 욕구대로 먹이를 주면 어느 순간부터는 일용할 에너지를 넘어서 몸속에 비축되기 시작한다네요.

야생의 늑대는 사냥한 먹이를 빨리 먹는 경향이 있고, 일주일분까지 한번에 먹고 체내에 저장할 수 있잖아요. 매일 안정적으로 먹이를 확보하고 포식할 수 있는 삶이 원천적으로 불가능하기 때문이겠지요. 개 또한 이런 습성이 유전자에 남아 있어서, 식욕대로 먹게 놔두고 운동을 적게 시키면 과체중이 된다네요. 계속 진행되면 체내의 병뿐만 아니라 관절이 몸무게를 이기지 못해 뛰어다니기도 힘들게 된대요. 그런 개를 많이 보았어요. 조금만 같이 뛰어도 숨을 헉헉거리며 눈빛으로만 활동적인 삶을 갈망하더군요.

그런 이유로 병든 개의 뒷감당을 떠맡고 싶지는 않습니다. 기르는 본래의 목적이 그게 아니잖아요. 개 또한 주인의 지도 소홀 때문에 고통을 당하는 셈이지요.

사료를 준 뒤에는 소화를 잘 시키는지도 확인할 겁니다. 적당량의 사료를 주었다면 특정한 영양소를 과다 섭취하지 않게 간식의 영양 성분도 신경 쓰라네요. 중성화 수술을 한 개는 전보다 사료 양을 15퍼센트가량 줄여서 주라더군요. 그렇지 않으면 몸무게가 더 불게 되어서 비만이 된다지요. 성적 에너지에 필요했던 영양소들이 줄어도 되기 때문이겠지요.

하루의 에너지에 필요한 적당한 먹이를 제공해주고 무관심을 보이는 것이 가장 좋은 먹이 제공 방법이라면서요. "내가 얼마나 너를 위해 먹이에 신경 쓰고 정성을 들이는지 알지?" 같은 말이나 마음은 개의 처지에서 이해하기 힘들겠지요.

　　주인이 음식을 먹다가 개에게 한 점 주고 하는 행동은 개의 통제를 느슨하게 만드는 것과 다르지 않다네요. 개가 먹고 싶어한다고 식사하다가 음식을 나눠준다든지 식당에서 먹다 남은 음식 찌꺼기를 싸와 간식으로 제공하는 것은 개가 사료를 멀리하게 만드는 지름길이래요. 한번 그리하면 개는 계속 기대하고, 반복되지 않으면 소동을 피우든지 동정심을 유발해 그쪽으로 주인을 유도할 수도 있다더군요. 그렇게 되면 개가 조금씩 조금씩 심리적으로 주인을 무시하고 무리의 대장으로 올라서게 된다네요.

　　일부러 수제 요리를 만들어줄 필요는 없다고 해서 다행이에요. 사람의 음식을 주지 않으면서 사료와 물만으로 키우는 것이 가장 좋은 사육 방법이라더군요. 개 사료에는 개에게 필요한 영양소가 충분히 갖춰져 있기 때문이겠지요. 또, 그 어떤 경우에도 사냥을 마친 늑대 무리의 대장이 추종자들에게 먼저 먹이에 손대게 하지 않는대요. 수제 요리를 만드는 주인은 사랑의 마음에서 그 일을 하지만 개들의 처지에선 두목이 먹잇감을 사냥해서 무리들이 먼저 먹게 해주는 것과 다르지 않다고 생각할 거라네요. 고마움보다는 자기가 잘나서라거나 위대해서라고 착각하면서 받아먹을지도 모르겠군요. 개는 먹이의 냄새를 맡고, 먹이를 보고 꼬리 치는 것이지 주인의 정성을 알아보고 감동하는 것이 아니라더군요. 꼭 수제 요리를 만들어주고 싶다면 주인이 식사한 뒤 그리하라네요.

제가 먼저 식사를 마친 뒤에 개에게 먹이를 줄 겁니다. 제가 밥 먹을 때는, 강아지는 멀리 떨어진 곳에 앉아 있게 길들일려고요. 주인이 식사할 때 주위 환경이 달라지지는 않는지 감시해야 하는 게 개들의 임무잖아요. 제가 기르는 개를 심리적 실업자로 만들고 싶지는 않거든요. 처음부터 한쪽에 묶어두면 며칠이나 몇 주는 낑낑거릴지라도, 때가 되면 주인이 식사를 마칠 때까지 얌전하게 그곳에서 쉬든지 자든지, 주위를 지키며 기다린다더군요.

개는 가끔 풀을 뜯어먹더군요.

늑대들은 사냥해서 잡은 초식동물이나 쥐 등을 섭취하는 과정에서 그것들이 곡물을 먹고 한 번 소화시켰던 것까지 걸러내지 않고 먹는다지요. 더구나 개가 되어 인간과 함께 살게 된 뒤부터는 곡물 등의 섭취량이 늘어났을 것이고, 그러면서 채식도 할 수 있게 소화기관이 발달해왔다지요. 개들이 찾아서 곡물을 즐겨 먹지는 않지만, 개 사료에 곡물이나 채소류가 포함된 이유는 그와 다르지 않다지요.

개가 풀을 뜯어먹더라도 농약이나 제초제를 뿌렸거나 은방울꽃 같은 독초가 아니라면 큰 걱정을 하지 않아도 된다네요. 그렇더라도 각 식물의 독성을 일일이 파악하기 힘들고 개도 구분해내지 못하기에 모르는 풀을 뜯어먹을 때는 제지할 겁니다. 더구나 낯선 습지 주변을 산책하게 된다면 풀을 뜯다가 뱀한테 물릴 수도 있겠지요.

보통 때는 풀에 관심 없던 개가 어느 날 갑자기 억센 풀을 우려할 만큼 먹는다면 소화시키기 어려운 어떤 것을 토해내기 위해서래요. 유심히 관찰한 뒤 건강에 문제가 있는 것 같으면 동물병원으로 데려가 진찰을 받아보는 게 좋다더군요.

개에게 먹이지 말아야 할 음식은 초콜릿, 포도와 건포도, 사과와 복숭아, 아보카도, 체리에 들어 있는 씨 등이라네요. 파·마늘·부추·양파는 개의 적혈구에 영향을 주어 빈혈을 일으킬 수 있다더군요.

사실, 강아지를 데려오기 가장 힘든 이유는 똥 때문인지도 몰라요. 그런데 개는 잠자리에서 배설하지 않는 특성이 있다면서요. 이 특성을 잘 활용하면 주인이 원하는 장소에서 배변하게 훈련시킬 수 있다더군요.

집 안 전체를 둥지며 잠자리로 인식할 수 있게 해주는 게 지름길이라면서요. 처음에는 좁은 영역에서 시작해 더 넓은 공간으로 이동하면 되겠지요. 개는 주로 잠에서 깬 뒤, 먹이를 먹거나 물을 먹고나서 배변하는 습성이 있다면서요. 이때 몸을 웅크리고 낑낑거리거나 부자연스러운 표정을 지으며 웅크리고 앉으면, 알아채고 곧장 원하는 장소로 옮겨서 배설할 수 있는 기회를 되풀이해 만들어주면 되더군요.

널리 활용되는 변 가리기 방법인 신문지 이용하기도 알고 있습니다. 강아지가 배변하기 원하는 곳에 신문지를 모두 깔아놓고, 강아지가 신문지 위에 똥을 싸고난 뒤에는 한 장씩 한 장씩 먼 곳에 있는 신문지부터 거두어 면적을 좁혀나가는 거 맞지요? 나중에는 신문지 한 장만 펼쳐놓아도 강아지가 그곳으로 가서 배변을 한다면서요. 깨끗한 신문지에 배설을 망설이면 똥을 조금 묻혀놓는 방법도 알아요.

개 무리의 대장을 나도 모르게 수없이 해보았으니까, 개를 읽고 훈련시키는 건 잘 해낼 수 있을 것 같아요.

주인과 개 둘이 있으면 최소한의 무리가 형성된 것과 다르지 않지요. 개는 늑대의 성향을 따라서 그 공동체를 무리로 인식하는 것 같아요. 이를 살려서 주인이 무리의 대장이 되고 개가 추종자가 되어야 함을 원칙으로 삼으면 되겠지요. 무리의 대장으로서 신뢰를 보이며, 개가 기대하는 대장의 요구 조건을 충족시켜줘야 하겠지요.

개는 사람 말을 어떻게든 알아듣는 것 같아요. 연구자들은 개의 문제 해결 능력이 4세 아기 정도라고 하더군요. 평균 150개의 단어를 배울 수 있다고도 하고, 200~300개의 단어가 가능하다고도 하고, 70개 정도만 알아들을 수 있다고 주장하는 연구자도 있지요. 개가 동사 수십 개와 명사 수십 개를 알아들으며, 이를 조합해 명령하면 의도한 대로 다룰 수 있다는 사육자도 있지요. 이와 달리, 개가 사람의 말을 알아들을 수 없으며 다만 종합적으로 인지해서 행동할 뿐이라고 주장하는 연구자도 있더군요. 그 어떤 경우이든, 개가 주인과의 관계에 따라 반응을 달리 할 수도 있지만, 사람의 말을 거쳐 의사소통이 가능한 건 틀림없는 것 같아요.

입양한 개가 어미 개와 전 주인에게서 사회화 과정을 잘 이해했다면, 새 주인과 새로운 무리를 이루었고 새 추종 관계가 만들어졌다는 것을 알게 된다지요. 입양된 개는 사회화 학습을 더듬으며 새 환경에서 생존 방법을 익히게 되겠지요.

강아지는 새 주인이나 함께 살 사람들의 행동 하나하나를 관찰의 대상으로 삼겠지요. 자신이 원하는 것을 알리기 위한 신호를 보낼 것이기에, 얼른 알아차리고 해석해 긍정적 행동은 강화해주고 부정적 행동은 교정해주어야겠지요. 이전 주인이 강아지를 어떤 손 신호나 명령어로 통제했는지 알 수 있다면 다루기가 더 수월하겠지요.

가족 구성원이 여러 명이라면 개를 대하는 규칙을 미리 정해두어야겠지요. 가족 모두가 무리의 대장과 같음을 인식시켜야 하니까요. 가족들이 개에게 사용하는 명령어나 보디랭귀지도 일치해야겠지요. 미리 연습해두어야 강아지가 혼동하지 않고 반응할 수 있는 실마리를 얻을 수 있대요. 운동, 배변 치우기, 먹이 주기, 산책, 몸 청결 유지시키기 등을 한 사람이 모두 하거나 한 가지만 맡는 것보다는 가족이 순번대로 돌아가면서 하는 게 좋다지요. 제 집에 누군가가 같이 살게 된다면 그들도 대장으로 섬기게 훈련시킬 생각입니다. 개가 처음에는 혼란스럽겠지만 구성원 모두를 무리의 대장으로 여기며 자신의 위치를 파악할 수 있게 해줄 생각입니다.

개들이 원하는 것은 들판이나 초원에서의 운동과 훈련과 산책이지, 침대에서 뒹굴거나 러닝머신 위에서 제자리 뛰기를 하는 게 아니지요.

강아지가 주인과의 생활을 충분히 알게 되어 어떻게 행동해도 되는지 파악하면 여유가 생기고 지루함도 생겨나겠지요. 자기 신체의 특성에 맞는 활동을 하고 싶어하겠지요. 먹이를 찾기 위해 먼 거리를 이동하는 늑대만큼은 아니더라도, 충분한 활동 영역을 만들어줘서 '운동'을 할 수 있게 해줄 생각입니다. 공원 어떤 벤치부터 길모퉁이까지라든지, 집 주변 어떤 골목부터 다리까지라든지, 구체적으로 운동할 곳을 지정해줄 거예요. 그 영역은 개의 야생성을 풀어놓기에 적당할수록 좋겠지요. 그 안에서 개는 신체를 단련하고 정신적인 안정을 찾을 수 있겠지요. 야생성을 제한하며 온종일 집 안에 가두면 근육을 포함한 조직이 집 안에서의 활동에 맞게 축소되겠지요.

운동 다음에 필요한 것은 '훈련'이겠지요. 사람이 학교에 다닐 필요가 있듯, 아무리 특정한 일에 적합한 품종일지라도 인간과 함께 살려면 훈련이 필요하겠지요. 강아지는 사람의 감정 흐름을 그들만의 신체적 특성으로 읽을 수 있기에, 주인이 먼저 개의 행동과 심리를 파악하고 그런 능력을 이끌어내 길들이면 되겠지요.

개는 생후 2년까지는 몇 주 단위로 또는 몇 달 단위로 성장 곡선이 변한다지요. 2년쯤 뒤부터는, 소형견과 중형견의 경우 1년을 사람의 5세가량으로 볼 수 있고, 대형견의 경우 6~7세가량으로 볼 수 있겠지요. 개의 한 살을 사람 나이로 12~15세, 개의 두 살은 19~24세로 추정하는 연구자도 있더군요.

강아지는 4~6주 사이에 젖니가 나오고, 3~4개월이 되면 영구치로 교체된다면서요. 송곳니의 영구치는 6개월 전후에 생겨나고, 어금니는 5~7개월 사이에 나서 42개 치아가 완성된다지요. 송곳니의 영구치가 모양을 드러내는 것은 본격적인 사냥을 할 수 있게, 다 자란 몸으로 1차 완성되었다는 것과 다르지 않겠지요. 그래서 탁자를 송곳니로 갉아놓거나 가죽소파를 씹어놓는 등의 악역을 맡아 한다지요. 주인의 입장에서는 난처하겠지만, 개의 입장에서는 정상적인 신체 활동을 할 수 있다는 걸 신나게 증명하는 것과 다르지 않겠지요. 이러한 씹는 운동과 턱 운동을 통해 영구치가 튼튼하게 자리 잡을 수 있겠지요.

처음 그런 행동을 시작할 때 제지하고, 씹기 적당한 장난감을 주면 되겠지요. 조각으로 부서지는 제품이나 진짜 뼈는 뾰쪽한 거스러미가 생길 경우 삼키면 위험하기에, 재질 등을 확인한 뒤 장난감을 사주는 게 좋다네요.

송곳니의 영구치가 나오면, 소형견을 기르더라도 외출 때는 꼭 목줄을 착용시킬 생각입니다. 개가 갑자기 어떤 상황을 맞아서 무슨 일을 벌일지 주인이라도 알 수가 없거든요. 대형견을 기를 경우에는 입마개도 해주고, 목줄을 매더라도 힘으로 반항할 때는 벗겨질 수 있기에 목줄의 종류와 매는 방법도 잘 선택하렵니다. 하지만 전원주택에 사는 경우가 아니라면, 대형견을 기르는 일은 미룰 생각입니다. 알래스칸 맬러뮤트나 시베리안 허스키나 독일산 셰퍼드 같은 개들과 잔디밭을 뛰어다니고 싶지만요.

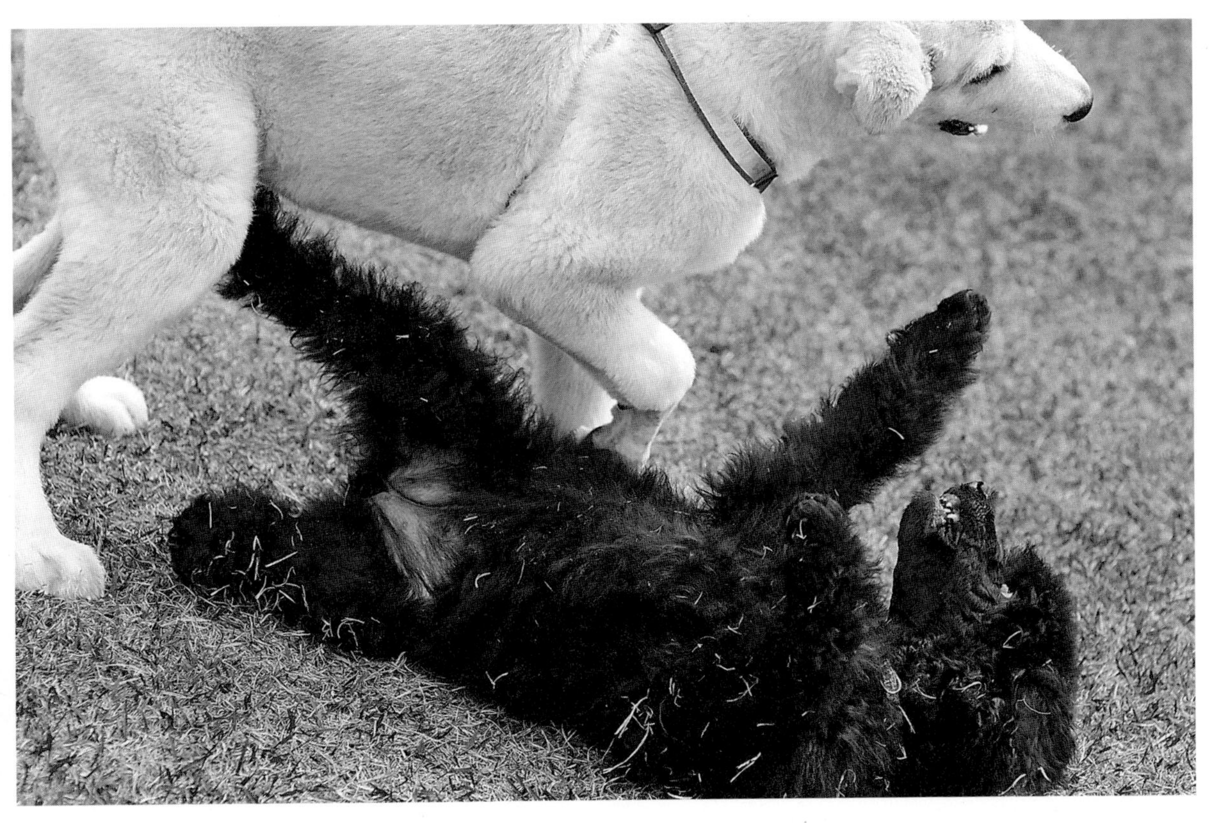

복종 훈련은 12~20주 사이에 시작할 겁니다. 어느 날 갑자기 어떤 상황에 맞닥뜨리더라도 개 속에 잠재된 늑대의 본성이 살아나 공격성을 드러내지 않도록, 주인을 무리의 대장으로 생각하고 명령을 따르도록 만드는 게 목표겠지요.

주인은 언제나 개를 명령어로 통제할 수 있어야 합니다. 프롤로그에서 밝힌, 핏불테리어가 저를 공격한 뒤 쓰러졌을 때 2차 공격을 하지 않은 것은, 주위에서 지켜보던 주인이 큰 소리로 개의 이름을 불러서 통제하고 개가 명령에 잘 복종했기 때문입니다. 개가 맹수가 아닌 반려견이 되어 살아가는 이유이겠지요. 품종이 비록 투견에 속할지라도 말이지요.

개의 복종 훈련은 맹목적 복종과 자발적 복종으로 나눠 목표를 정할 수 있겠지요. 맹목적 복종은 고통과 두려움을 불러일으키는 체벌이나 꾸짖음을 연상시켜서 이루어집니다. 자발적 복종은 주인과의 우정과 신뢰와 믿음의 친밀 관계에서 이루어낼 수 있습니다. 개를 훈련소에 맡기는 경우 맹목적 복종 훈련으로 행동을 교정받는데, 자발적 복종만으로는 고도의 능력을 끌어내야 하는 과정은 풀어내기 힘들다더군요. 그렇다고 가정에서 기르는 반려견을 때리면서 훈련시킬 필요는 없겠지요. 도그 쇼나 광고에 나갈 계획이 없다면 부적합한 행동을 하지 않게 이끌어주는 정도로 목표를 좁혀야겠지요.

복종 훈련의 기본은 개와 눈을 마주치며 신호로 의사를 전달하기입니다.

개와 눈을 마주치면 개는 복종과 순종을 요구하는 뜻임을 대부분 알아챕니다.

명령어는 동사, 명사, 동사와 명사의 조합 순으로 시작하면 됩니다. 완전한 문장을 만들어

말하지 말고 짧은 명령어로 같은 말을 일관되게 하라고, 개 훈련 전문가들은 말하더군요.

개가 주인의 말을 알아듣기 시작하면 특정한 단어 한 개만 언급하더라도 알아듣고

어떤 행동 전에 안정감을 찾을 수 있겠지요.

원하는 행동을 해낼 때마다 주인이 즉각적인 보상으로 칭찬을 해주는 것도

필요하다지요. 보상은, 간식보다는 개의 귀 뒤를 긁어준다든지 배를 비벼주는 등의 친밀감

형성으로 긴장감을 풀어주고 기쁘게 해주는 게 좀더 바람직한 방법이라는군요.

사냥개 품종 가운데는 칭찬의 방법이 먹이 외에는 안 통하는 것도 있다지요. 그런 개는

칭찬할 때마다 좋아하는 먹이를 잘게 조각내 한 개씩 주며 길들이더군요.

원치 않는 행동을 할 때는 회초리나 꾸중 대신, 곧장 무시를 해서 바로잡을 겁니다. 무시한다는 것은, 눈을 맞추거나 안아주거나 쓰다듬어주거나 간식을 주거나 장난감을 주거나 등을 하지 않는 것을 말합니다. 긍정적인 행동을 한 게 아니라면 개가 아무리 짖더라도 간식을 준다든지 먹이를 주는 등의 타협이나 즉각적 달래기를 하지 말라더군요. 계속 짖어대도 소용없다는 것을 알게 해서, 부정적인 조정으로 주인을 이끌어가지 못하게 하라더군요.

개는 조금 전에 있었던 일을 몇십 분이나 몇 시간 뒤까지 기억하고 있지 않다지요. 몇십 분이나 몇 시간이 지난 뒤, "아까 네가 한 행동 말이야!" 하고 말하더라도 받아들이기 힘들다지요. 1~2초 사이에 바로잡는 게 가장 좋다지만, 사람이 정보를 모아서 뇌에 보내고 뇌에서 종합적으로 분석해 명령을 내리며 말과 행동으로 개에게 의사를 전달하기까지 사람마다 시간이 서로 다르겠지요.

개의 운동이나 훈련은 개의 입장을 이해하며 즐겁게 이룰 겁니다. 신문지를 말아서 때리며 꾸짖지도 않을 겁니다. 나중에 신문지를 들고 있는 사람을 보면 불안해 하고 공격적인 행동을 드러낼 수도 있다네요. 하지만 그보다 동물을 때리며 길들여서 함께 같이 살아야 할 까닭이 무엇인지 생각해볼 필요가 있겠지요. 꾸짖음의 방법으로 때린다든지 고문을 한다든지 먹이 제공을 금지하는 것은 효과도 없고 바람직하지도 않다는 데 많은 전문가들이 동의합니다.

보통 견종의 우수성을 평가할 때면 인간의 생활을 기준으로 합니다. 인간에게 잘 순종하고 명령에 더 잘 따르는 개를 더 좋은 품종으로 인정하지요. 하지만 늑대를 기준으로 삼는다면 다른 판정이 나올 수도 있겠지요. 어떤 품종이 주체성이 강해서 명령을 거부할 경우, 이를 판정할 자료를 인간은 아직 알지 못하고 있지요. 어떤 품종이든 뛰어난 자기만의 고유한 능력을 지니고 있다고 보아도 되는 이유지요. 그 잠재적 특성을 살려서 훌륭한 개로 만들어갈 수 있을 겁니다.

개를 기르더라도 포옹하거나 입을 맞추지는 않을 생각입니다.

개는 개과의 동물로서 자기들의 신체 구조 등에 맞게 환경에 적응하며 진화해왔고, 그들에게 맞는 감정을 소유하고 있겠지요. 사람과 유전적 창고 또한 다르지요. 사람은 개에게 인간의 감정 표현 방식을 받아들이도록 길들이려고 하지요. 하지만 인간이 개에게 원하는 상당수의 지시와 요구 가운데는 개과의 동물로서는 받아들일 수 없는 것들도 있겠지요.

개들은 자기들만의 의사 표현 방식을 버리지 않고 있지요. 사람과 침팬지는 '복부와 복부'의 접촉인 포옹을 좋아하지만, 개는 포옹을 하지 않는 대신 서로의 생식기에서 나오는 냄새를 맡고 핥으며 좋아하잖아요. 사람이 개를 억지로 포옹하는 것은 개들의 신체적 조건에서는 자연스럽게 받아들일 수 있는 행동이 아니겠지요. 사람의 악수나 허리 숙여 친근감을 나타내는 인사를 개가 이해하지 못한다면 포옹도 이해할 수 없겠지요. 개들이 사람의 신체를 핥는 것에 대한 제한이 필요함은 그와 같은 이유 때문입니다. 그렇지 않으면 개들은 개들 사회 방식으로 사람 행동에 대해 뜻을 부여하고 이끌어갈 테니까요.

외출한 뒤 돌아와 문을 열 때 개가 열렬히 반기며 주인의 입술을 핥으려 하는 원인은 늑대의 습성에서 찾을 수 있습니다. 사냥에 따라갈 수 없었던 새끼들이 살아 돌아온 어미를 반기며, 당신에게 의지하고 복종하니 지켜달라는 메시지라고 연구자들은 해석하지요. 사냥에서 삼킨 먹이를 토해내 나누어달라는 요청을 담고 있다지요. 또한, 사냥에 참여하지 못한 늑대들은 사냥 나갔던 늑대가 어떤 동물을 먹었는지 등의 정보 탐색의 한 고리로도 활용한다지요. 두목이 사슴을 잡아먹었으면서도 쥐 한 마리밖에 못 먹었다고 거짓말하는 건 아닌지 등을 살필 수 있겠지요. 대장에게 순종하는 척하면서 한편으로는 자기들을 잘 보살펴주고 있는지 감시도 하는 셈이지요.

사료가 개의 주식인 현 시대에 제가 밖에서 먹었던 음식을 토해내줄 필요도 없겠고, 제가 무리의 대장이란 것은 혀를 맞대지 않고서도 충분히 알게 할 수 있으니 스스로 그 예식을 버리도록 유도해나갈 겁니다. 강아지가 제 몸을 핥으려고 하면 다리는 발까지, 팔은 손까지만 허락할 생각입니다. 개의 특성과 사람의 특성이 다르다는 것을 인식할 수 있게 해주며 부정적 판단을 하지 않게 이끌어줄 겁니다.

개와 입을 맞추지 않으려는 건 개의 분식증 때문입니다.

개들에게는 야생에서 개과의 동물로 살아갈 수 있는 선까지의 지능이 유전자에 담겨 있겠지요. 불이나 식기 등을 이용할 수 없었던 개들은 사람과 같은 위생의 개념이 필요치 않게 그들의 신체를 만들어왔기에, 면역 체계가 사람과는 다르겠지요.

성견이 된 개들은 주인이 모르는 사이에 똥을 누고 먹어치우는 분식증이 있습니다. 주인이 다른 곳을 쳐다보는 사이, 개가 밤톨만한 똥을 싸더니 곧장 한입에 삼키고 바닥의 흔적마저 혀로 핥아서 없애는 것을 본 적이 있습니다. 주인은 그 개를 안자마자 혀로 입을 맞추더군요. 몇 초 사이에 일어난 일이었고, 모욕감을 느낄지도 모르기에 차마 알려주지 못했습니다. 그러한 경우를 다른 개들에게서도 여러 번 본 적 있습니다. 잘 훈련된 개도 스트레스를 받거나 찔끔 똥을 쌌을 때 그러한 행동을 한다지요. 개를 24시간 지켜볼 수도 없기에 그러지 않는 개가 있더라도 차라리 습성으로 포함시켜 대처할 생각입니다.

그러한 상태에서 사람의 혀가 개의 혀와 맞닿을 경우, 개의 배설물에 입을 맞추는 것과 크게 다르지 않기에 개회충 등의 감염에 노출될 수도 있겠지요.

또 개는 악취 나는 것을 좋아할 뿐 아니라 온갖 물건들을 혀로 핥아대기에, 개와 입을 맞추는 것은 사람이 주변의 온갖 물건들을 혀로 핥아보는 것과 크게 다르지 않을 것 같아요. 그런 과정에서 개의 혀로 옮겨진 세균들 가운데 몇 퍼센트가 살균되고 어떤 것들이 살아남아서 사람에게 영향을 주는지에 대한 연구가 필요하겠지요. 아직 인류가 찾아내지 못한 미생물도 많기에 현재의 질병 범위와 상관없이 조심할 필요가 있겠지요.

개의 분식증은, 아무 곳에나 배변을 하면 주인이 때리거나 벌을 주기에 꾸지람을 받지 않기 위한 위장에서 비롯될 수도 있다더군요. 또 강아지 때 어미가 배변을 먹어치우는 행동을 잘못 이해했기 때문일 수도 있고요.

어미 개는 분만 뒤 2~3주 동안 강아지의 배설물을 깨끗하게 먹어치운다면서요. 이는 늑대들이 다른 포식자에게 노출되지 않기 위해 자식들의 배설물을 먹어치우던 습성과 관련이 있겠지요. 새끼들의 배설물을 그대로 둘 경우 다른 포식자들에게 위치가 노출되겠지요. 개들도 늑대의 그런 습성을 그대로 유지해온 것 같아요. 하지만 지금은 주인이 배설물을 치워주니까 어미 개가 변한 환경을 인지하고 사회화 학습에 포함시켜야 하겠지요.

그래서 저는 강아지와 산책할 때 면역력이 약한 유아나 산모나 환자가 제 강아지에게 귀엽다며 입을 맞추려고 한다면, 그들을 위해 제지할 생각입니다.

산책을 위한 파트너로 개보다 더 뛰어난 동물은 없겠지요. 개는 주위를 살펴서 안전을 환기시키고 안전한 길이면 마다하지 않지요. 대부분의 개는 '산책'이나 '공원'이란 말만 들어도 벌떡 일어나 현관문 앞으로 달려가 꼬리를 흔든다더군요.

사람이 건강하다는 것은 신체적·정신적·정서적으로 자유로운 상태를 말하지요. 개와 함께 산책을 하다보면 운동이 되어서 건강을 돕고, 개와 친밀감을 나누며 자연 가운데서 함께하는 것만으로도 정서적 건강이 이루어지죠.

개들 또한 산책으로 그러한 도움을 얻을 수 있지요.

사람과 함께 생활하는 개의 가장 큰 문제는 정신적 건강 같아요. 자기를 사람처럼 생각하기 때문이지요. 산책을 거쳐 다른 개들을 보고 소리를 듣는 것만으로도 본능을 일깨워 같은 종에 속해 있음을 이해하게 되고, 무리에 속해봄으로써 무리의 대장과 사실상의 대리 지도자인 사람을 구분하는 법을 배운다고 하네요. 사람과는 의사소통이 어렵던 문제들에 대해서도 이해할 수 있는 창구를 찾을 수 있게 되고, 혼자가 아니라는 정신적인 안정을 이룰 수 있다지요.

산책할 땐 개가 사람의 앞에 서지 못하게 하고, 주인의 반걸음쯤 뒤인 옆에 서게 하는 게 좋다지요. 개들의 세계에선 주인보다 앞장서면 자기가 무리의 대장이란 것을 뜻한대요. 하지만 언제나 그런 것은 아닌 것 같아요. 함께 놀았던 개들을 돌아보면, 같이 달릴 땐 저를 이기기 위해 달리지만 그러다가 목적을 이루고나면 곧장 순종하고 다음 놀이를 기다리더군요. 그래서 저는 개에게 칭찬을 해주고 싶을 때는 먼저 앞서 가도록 우선권을 줄 생각입니다.

어떤 공간이든 처음 들어서면, 해도 되는 것과 하지 말아야 할 것, 가도 되는 곳과 가지 말아야 할 곳을 정해줄 겁니다. 그 규칙이 일관성 있어야 무리의 대장인 주인의 결정을 개가 혼란스러워 하지 않겠지요.

개와 함께 걸을 때는 줄을 느슨하게 해줄 겁니다. 팽팽하게 줄을 유지하면 개의 목에 상당한 압력이 가해지잖아요. 산책이 고통스럽고 집으로 뒤돌아가서 뒹굴고 싶은 생각만 불러일으키겠지요. 그렇다고 개가 줄을 끌어당긴다고 해서 그곳으로 가면 버릇이 굳어지겠지요. 한번 허락하면 개는 그 방법으로 자기 의지를 관철시키면서 주인을 조종하려고 할지도 모르지요. 개의 훈련을 담당하는 분들은, 개의 목줄을 당길 때는 짧게 한 번만으로, 현재의 상황이 뭔가 잘못돼 교정이 필요하다는 것을 스스로 깨닫게 할 목적으로만 사용하라더군요.

개를 데리고 산책 나온 분들 가운데는 자기 개가 다른 개들과 어울리지 못하면 속상해하거나, 다른 개가 달려오면 얼른 안아 들고 자리를 뜨는 사람도 있더군요. 주인이 너무 의인화시키면 다른 견종들과의 맞부딪침에 두려워 할 수도 있겠지요. 자기가 사람인 줄 알기 때문이겠지요.

산책하던 개가 무리 속으로 들어가 함께 어울리며 뒤따르려는 일은 자연스러운 행동이겠지요. 여러 마리의 개들이 한 지역에 있으면 서로의 신분이 후각 등으로 노출되지요. 무리를 이룬 것과 다르지 않은 상황이기에, 좋든 싫든 확인 과정을 거쳐야만 그들이 받아들이겠지요. 그런 과정에서 다른 개가 갑자기 싸움을 걸 수도 있기에 조심할 필요는 있겠지요. 서열 다툼일 수도 있고, 세력권 확보 시비일 수도 있지요.

모든 동물에겐 자신의 안전상 필요하다고 판단하는 상대와의 거리가 있다지요. 제 개가 산책에 적응하지 못하면, 어느 정도의 거리를 두고 사람이나 다른 개를 경계하는지 파악한 뒤 조금씩 거리를 좁혀주면서 적응시켜줄 겁니다.

낯선 사람과 눈 맞춘 경험이 많지 않은 개들은 지나가던 사람이 눈을 맞추며 가까이 다가오기만 해도 공격적인 상황으로 판단하고 겁을 먹거나 적의를 드러내더군요. 강아지 때부터 사람과 눈 맞추는 것에 익숙한 개들은 그런 상황들을 자연스럽게 받아들이고요. 자기에게 친근감을 표시하는 사람들을 만나면 알아보는 수준까지라도 강아지의 사회화 교육이 이루어질 수 있다면 좋을 것 같아요.

발정기에 속한 암컷이 산책을 하다가 수캐와 눈이 맞아서 원치 않는 임신을 하고 잡종을 낳은 경우도 보았지요. 한쪽이 좋아하지 않더라도 그들 세계의 서열 관계의 영향으로 교미를 갖게 될 경우 원치 않는 임신을 할 수 있지요. 발정기 전의 강아지가 무리들과 어울려 올라타기를 한다면 놀이이거나 서열 다툼이거나 교육적 행동으로 보아야겠지요. 수컷끼리도 그런 행동을 하고, 암컷끼리도 그런 행동을 하고, 생후 두 달 된 강아지도 그러더군요. 모르는 사람이 보기 어색해 하면, 개들은 1만 년 이상 그렇게 살아왔고 그들만의 질서를 이루는 사회적 행동이라는 걸 알려줄 겁니다.

산책할 때 보면, 개에 호의적인 사람도 있지만 어릴 때 개에게 물려서 개 공포증을 지니고 있는 사람도 있더군요. 그런 사람들에겐 조그만 강아지도 맹수로 느껴질 수 있대요. "우리 개는 안 무는데!" 같은 말을 해봐야 욕만 더 얻어먹더군요. 그분들이 욕할 때는 사과하고 그 자리를 얼른 피할 생각입니다. 그분들도 한두 번 개와 마주쳐본 게 아닐 테니, 말로 해결될 문제가 아닐 수도 있겠지요. 그 다음부터 또 만나면 다른 길로 산책하는 게 서로에게 좋겠지요.

어린이나 노인이나 신체가 부자유스러운 사람들이 불안해 하지 않도록 개의 목줄을 꼭 잡고, 한 걸음 한 걸음 살피며 다녀야겠지요. 임산부가 지나가면 아예 길을 바꿔서 다른 길로 가겠습니다. 그러다보면 개도 주인의 의지를 읽고 알아차려서 불필요한 행동을 줄여나가겠지요.

강아지와 산책할 때 어린이가 만지고 싶어한다면 어찌 할지도 생각해두었습니다.

강아지와 함께 놀면 어린이의 정서 발달에 좋다지요. 어린이는 강아지를 돌보아주고 키우면서 자기 자신에 대한 긍정적인 생각을 갖게 된대요. 다른 사람의 감정과 욕구를 이해하고 배려하는 능력과 책임감도 발달된대요. 개가 태어나고 죽는 과정을 지켜보면서 생명에 대한 이해와 존엄성도 기를 수 있다지요.

그래도 어린이는 개와 입 맞추지 못하게 할 거예요. 분식증과 땅바닥의 온갖 것들을 혀로 핥는 이유도 있지만, 개가 입 맞추기 싫어하거나 화가 날 때는 얼굴을 물 수도 있거든요. 언제나 어린이를 알아보고 물지 않는다는 보장도 없기에, 어린이가 개와 놀려 할 때는 한시도 눈을 떼지 않을 거예요. 더구나 어린이들은 절제되지 않은 행동과 소리로 개에게 공포·분노·좌절감을 줄 수가 있지요. 개와 놀다가 거칠게 다루면, 개는 장난을 넘어서 싸움으로 전환할 수도 있지요. 개를 만진 아이에게는 손가락을 빨지 말고 꼭 손을 씻으라고 말해줄 거예요.

송곳니의 영구치가 생겨나는 생후 6개월 이상 된 개는 더 이상 어린 개가 아니기에 그때쯤부턴 아이들이 다가와도 개를 만지지 못하게 하려고요. 어제까지는 착하기만 하던 개일지라도 그들만의 이유로 갑자기 공격적인 행동을 할 수도 있으니까요.

산책 시간은 개의 품종과 몸집의 크기, 나이, 건강 상태 등에 따라서 달라야 하겠지요. 예정한 산책 시간이 끝나면 개가 더 있고 싶어하더라도 단호하게 중단시킬 생각입니다. 내일 또 그 시간이 돌아오길 기다리게 해주라는군요. 양보하다보면 개가 주인을 조종하고 있다는 착각에 빠질 수 있기 때문이겠지요.

집근처에 공원이 없어서 승용차로 개와 함께 이동해야 한다면 안전벨트를 매줄 생각입니다. 그렇지 않으면 급정거나 사고 때 사람이 안전벨트를 매지 않은 것보다 더 위험하겠지요. 개가 의자 뒤에 붙은 손잡이를 물고 있을 수도 없으니까요. 안전벨트를 매주지 않았을 때는 창문도 열지 말아야겠지요.

거친 곳을 다녔을 때는 산책 뒤 개의 발바닥이나 발가락 사이에 물집이나 상처가 있는지 확인해보겠습니다. 될 수 있으면 콘크리트로 된 길이나 아스팔트 위보다는 맨땅이나 잔디밭을 산책하는 것이 좋겠지요. 그렇지만 잔디밭 위로 개와 산책하도록 허용하는 공원은 거의 없을 것이기에, '개 전용 공원'이나 '개 전용 운동장'을 찾아다니게 될 것 같습니다.

안아파트
91누 6218

개의 목줄엔 이름표를 달고 제 연락처를 적어놓을 생각입니다. 그래야 실종 시 빨리 찾을 수 있겠지요. 미국·유럽·대한민국 등에서는 반려견 등록제를 시행하고 있기에, 소유주의 이름과 주소와 연락처와 예방 접종 이력 등을 마이크로칩에 담아 개의 몸에 삽입해야 하지만, 동네 사람 누구나 읽을 수 있는 건 아니니까요.

개 전용 공원이 아닌 경우, 산책 할 때는 꼭 개의 목줄을 채우고 개의 변을 치울 수 있는 비닐과 휴지도 지참할 겁니다. 아무도 보지 않는 야외에서 산책할 때도 개가 똥을 누면 비닐에 담아서 소각용 쓰레기통에 버리겠습니다. 반려견의 배변이 야생동물의 면역 체계에 영향을 줄 수도 있다고 하더군요.

개 전용 공원이라면 산책 하다가 목줄을 풀어줄 수도 있겠지요.

그렇더라도 이름을 부르거나 "돌아와!" 하고 명령을 내릴 때 돌아오는 훈련이 되어 있어야겠지요. '돌아와!'를 익히게 하는 방법도 알아두었습니다. 떨어져 있던 강아지가 주인 곁으로 오면, 뒷북을 울리듯 '돌아와!'하고 명령을 내린 뒤 개가 좋아하는 보상을 해주는 것부터 시작하라더군요.

처음에는 주인 앞에 왔을 때 말을 해서 그 말에 관심 갖게 해주고, 두번째는 좀더 떨어진 거리에서 명령을 내리라더군요. 세번째는 더 떨어진 거리에서 명령을 내리면 되더군요. 그렇게 성공할 때마다 계속 거리를 넓혀나가며 응용하라더군요. 그때마다 개가 돌아오면 확실하게 좋아하는 보상을 해주고요. 성공한 뒤에는 주인이 다른 명령어로 혼동시키지 않으면 개는 그 명령어대로 행동한다지요. 다만, 장소가 바뀌면 적응 못하는 개는 새로운 장소에서 처음부터 다시 인지시켜주라더군요.

사람이 개의 목에 줄을 매는 것은 '붙잡아둘 만큼 네가 필요하다'는 뜻이 담겨 있다지요. '너를 믿지만, 네 본성은 그렇지 않기에 경계할 수밖에 없어'라는 뜻도 포함되어 있고요. 그러면서 종의 친구가 되었겠지요. 그렇더라도 동물에게 평생 목줄을 채우고 자유를 억압할 권리는 그 누구에게도 없지요. 사람도 동물에 속합니다. 하루에 30분이라도 목줄 없이 초원을 달려볼 수 있는 자유가 개에게 있어야겠지요.

개와 산책하다가 목줄을 풀어놓을 수 있는 지역도 있겠지만, 대부분의 공원에서는 금지되어 있고 벌금까지 물리지요.

어느 나라의 공원이든 '그 지역의 애견 인구 대비 면적'만큼이라도 안전망이 설치된 '비영리 개 전용 공원'을 만들어줄 수 있겠지요. 그 도시에서 개를 기르는 시민들도 세금을 내고 있기에 그들을 위한 좀더 세분화한 편의 제공은 지역 주민을 위한 마땅한 정책이겠지요. 공원 곳곳에 개를 풀어놓아서 일어나는 사고 등도 예방할 수 있고, 공원 곳곳에 방치되는 배변 문제 등을 한곳에서 집중적으로 관리할 수 있지요. 어린이들도 개의 활동적인 모습을 지켜보며 자연과 동물과 자유에 대한 이해를 넓힐 수도 있겠지요. 말할 것 없이 그 안에서 일어날 수 있는 안전사고 등을 예방할 수 있는 구체적인 대책도 세워져 있어야겠지요.

어느 날 갑자기, 안 하던 공격적인 행동을 보이면 어찌 할지도 생각해두었습니다.

개들은 야생에 최적화한 특질을 만들어왔기에, 인간과 함께 실내에서 사는 일이 만만한 일이 아니겠지요. 개는 한곳에 오랫동안 갇혀 있을 경우 탈출하려는 노력으로 주위 물건에 대해 공격적 행동을 보일 수도 있다지요. 개의 입장에선 탈출 행동이지만, 개의 속마음을 알지 못하는 인간의 처지에서 보면 행동장애로 분류할 수도 있겠지요.

개들은 주인과 시선의 접촉만으로도 대장의 마음을 파악할 수 있는 단서를 찾아낼 수 있다지요. 하지만 그런 능력을 주인을 위해 사용하지 않고 무리의 대장으로 올라서기 위해 이용하는 개들도 많다네요.

외출했다가 집으로 돌아왔을 때 개가 평화로운 에너지에 싸여 고개를 들고 꼬리를 흔든다든지 배를 드러내 보이며 뒹군다면, 개와 안정적인 관계를 유지하고 있다고 볼 수 있다지요. 몸 위로 뛰어오른다든지 지나치게 꼬리를 세우고 짖으면, 주인을 지배하려는 기운에 싸여 있고 잘못된 방향으로 가고 있다는 증거와 다르지 않다네요. 사람을 가리지 않고 으르렁거리거나, 주인이 지나갈 때 길을 막고 비켜나지 않거나, 먹이를 먹을 때 다가가면 으르렁거리는 개도 주인의 권위를 인정하지 않고 있으며 대장의 권위에 도전할 마음을 품고 있다고 볼 수 있다지요. 주인의 가슴 위로 뛰어올라서 눈을 쏘아보는 개도 마찬가지랍니다.

문제 행동이 처음 나타났을 때 대처하는 게 좋다더군요.

부적절한 행동을 했을 때는 무시하고, 긍정적인 행동을 했을 때는 더 재미있어 할 놀이를 제공해주는 것이 최고의 방법이라는군요. 개가 부적절한 행동을 했을 때 야단치거나 간식 등의 보상을 하면 개는 잘못한 일도 칭찬으로 받아들이고 더 집착을 보이겠지요. 부적절했던 행동이 왜 잘못인지를 알지 못하고 있기에, 야단도 칭찬으로 받아들이겠지요.

개가 조깅하는 사람이나 새·자동차 등을 쫓아갈 때는 곧장 불러서 돌아오게 할 겁니다. 긴 목줄을 매고 다니다가 말을 듣지 않을 때마다 줄을 잡아당겨서 필요치 않은 행동임을 알게 하면 되겠지요. 무관심한 척하면서 정반대의 방향으로 이동하는 패턴을 계속 유지하면 개가 알아차리겠지요. 사냥개로 키울 게 아니기에, 야수성을 강화시킬 필요가 없겠지요. 훈련과 놀이로 풀어줄 겁니다.

다른 개나 동물에게 공격적인 행동을 할 때는 곧장 제지할 겁니다. '우리 개가 이겼어', '우리 개가 싸움을 잘해' 하는 식으로 대응하는 사람도 보았는데, 개는 주인의 마음을 알아채고 공격성을 더 강화시키겠지요. 그러다가 이웃집 아이를 물 수도 있고, 더 끔찍한 짓도 할 수 있지요. 치료비를 주거나 보험 처리를 하면 되겠지, 하고 생각할 수도 있지만, 그 누군가의 영혼에 평생 개에 대한 두려움을 갖게 만드는 일은 범죄와 다르지 않을 것 같아요.

공격적 성향을 타고난 개들과는 어울리지 않게 할 거예요. 제가 그런 개를 기르지 않는다면요. 아메리칸 핏불테리어, 로트와일러, 저먼셰퍼드, 일본 도사견, 차우차우 등은 공격적 성향이 강한 개라서 주인이 잠깐 한눈 판 사이 어떤 일을 일으킬지 모르거든요.

한 나라에서는 가장 인정받고 사랑받는 개도 다른 지역에서는 위험한 개로 분류될 수 있더군요. 대한민국의 대표견인 진돗개는 나라 안에서는 사랑받지만, 미국 뉴욕에서는 위험한 개(2012년 기준)로 사육이 금지되어 있더군요. 저먼셰퍼드는 일하는 개로서 경찰견 등 여러 곳에서 활용되지만, 문제 행동을 일으키는 개의 상위권에도 올라 있지요.

공격성이 강한 개를 기른다면 외출이나 산책 시에는 힘으로 통제할 수 있는 사람이 목줄을 잡고 있어야 하고, 입마개를 착용시켜야 하겠지요. 제가 목줄을 매고 애완견과 산책하더라도 공격성이 강한 개가 목줄이 풀려 달려든다면 언제 사고가 날지 모르거든요. 공격성을 드러낼 수 있는 개를 사육할 때는 소유주가 책임보험에 가입하고, 안전 교육 뒤 허가를 얻도록 하는 방향으로 선진국들은 가고 있더군요.

강아지를 입양하면, 반려 동물과 가축 등의 동물 사육에 대한 생활 조건 개선과 동물 복지 등에 대해 더 관심을 갖게 될 것 같아요.

몇백 년 전만 하더라도 동물은 감정을 느낄 수 없는 존재로 받아들여졌고, 사람들은 동물 살육에 대해서 어떤 죄책감도 느끼지 않았지요. 인류의 식량으로 삼을 만하냐 적당치 않냐는 식으로 구분했을 뿐이지요.

생태계에 속한 동물들이 서로의 생명을 존중해 먹이로 삼지 않는다면, 먹이 사슬에 속해 있는 모든 동물이 멸종될 수밖에 없음을 알았기 때문이겠지요. 육식동물이 초식동물로 바뀌어도 초지가 한정되어 있기에, 풀들은 싹이 나기 무섭게 뿌리까지 파헤쳐지겠지요. 마침내, 동물은 말할 것 없고, 식물까지도 멸종되는 상황이 닥치게 되지요.

최근에 와서야 동물들도 자기들이 좋아하거나 싫어하는 것을 행동으로 표현하고 쾌락을 느끼며 고통을 신체적 조건 가운데서 줄여나가려는 노력을 하는 등 사람과 다를 바 없는 감정을 지니고 있다는 연구 결과들이 속속 발표되고 있지요.

다른 생명체에 대한 존중은 그 사회의 인간 생명 존중 사상과도 관련되지 않을 수 없겠지요.

언제까지나 죄 없는 동물들을 사람의 식량으로 삼을 수도 없지요. 동물의 생명도 살리면서 사람의 건강도 유지할 수 있는 방법을 찾지 않을 수 없을 것 같아요.

인류는 1년 동안 소 13억 마리, 돼지 9억 마리, 닭 160~190억 마리 안팎을 도살한다지요.

특정 동물을 식량으로 삼는 것은 각 나라의 자연 환경과 종교의 영향을 많이 받아왔지요. 인도에서는 소 살육이 금지돼 있지만, 미국과 유럽에서는 소고기가 거의 매일 식탁에 오르지요. 유대인은 돼지 섭취를 금하지만, 상당수의 문화권에서는 소 못지않게 단백질 공급원으로 돼지를 사육하고 있지요. 개 품종 가운데 '누렁이'를 주로 식용으로 삼았던 대한민국은 소떼나 양떼를 방목하거나 야생의 들소나 순록 같은 동물을 사냥해 단백질을 섭취할 수 있는 환경에 속해 있지 않지요.

말할 것 없이, 인간의 생존권과 동물의 권리 가운데 우선순위를 결정해야 한다면 인간 쪽의 손을 들어줘야 함은 합의가 되어 있지 않더라도 참인 명제와 다르지 않겠지요.

그렇더라도 개고기의 식품화는 장려할 수 없지 않을까요. 단백질 공급원의 창구가 수없이 많고 인류의 상당수가 개를 가족이나 친구처럼 여기며 함께 사는데, 식용으로 삼기 위해 사육하는 거잖아요. 개들이 서로 외형이 다를지라도 유전적으로 하나에 속하기에 식용으로 삼을 수 있는 품종이 따로 존재할 수는 없겠지요.

'쾌락을 목적으로' 동물을 대량 살육하거나 사냥하는 일도 자제해야겠지요.

우리가 지구의 모든 동물의 삶에 관심을 지니고 생명을 존중한다고 할지라도 그 모든 개체를 관리하고 통제하며 도움을 줄 수는 없겠지요. 모든 동물의 생명에 대한 권리를 보장하려고 동물의 포식 관계에 인간이 깊숙이 개입하면 생태계가 유지될 수 없지요.

그렇더라도 동물들이 야생에서 자유로웠을 때의 조건을 반려 동물과 가축에게 만들어주면 좋겠지요.

동물들은 먹이 사슬의 절박한 처지에 노출되었을 때를 제외하고는 대부분 자유롭게 살아가잖아요. 가축의 경우엔 사육의 조건이 어쩔 수 없는 고기화이고 그 까닭이 아니면 태어날 수도 없었기에, 도축 전까지만이라는 시한부 생을 인정하지 않을 수 없겠지요. 때문에 그때까지만이라도 최소한의 신체적 활동이 가능한 시설과 운동의 기회 제공, 위험한 환경에서의 보호와 편안한 잠자리 제공, 건강을 유지할 수 있을 수준의 먹이와 물의 제공, 질병에 대한 예방과 치료가 필요하겠지요.

개들의 자유는 늑대가 야생에서 누렸던 삶 가운데서의 살 권리와 행복 추구에 기준을 둘 수 있겠지요. 개들을 풀어주고 야생에 속하도록 해줄 수는 없기에, 가축에 준하는 복지와 보호와 다른 개들과의 규칙적인 접촉 기회 제공 등이 필요하겠지요.

유기견의 증가와 유기견의 안락사 문제도 인류가 해결해야 할 짐이지요.

미국에서만 한 해에 안락사당하는 개가 300~400만 마리로 추정된다고 해요. 상당수의 중·대형견들은 지금 당장 야생으로 돌려보내면 살아남기 위한 노력으로 야성을 되찾아가며 약탈자나 청소부가 된다지요. 살아 있는 다른 동물들을 공격해 죽이는 일이 일어나지요. 소·말·양·닭 등 가축뿐 아니라 새와 작은 동물들도 그 대상이 될 수 있지요. 무리 지은 유기견들이 먹잇감의 필요성과 상관없이, 재미나 세력권 과시로 노루나 가축 등을 물어 죽이는 일이 잦다는 통계도 보았습니다. 유기견의 개체 수가 불어나면 야외를 산책하거나 등산을 하거나 농사짓는 일도 위험해질 수 있겠지요. 오스트레일리아의 딩고처럼 늑대화할 가능성도 있지만, 대부분의 국가가 그런 서식지와 먹이 사슬의 환경에 속해 있지 않잖아요. 또한 들개들은 안정된 생태계에서 무자비한 포식자로 올라설 수 있기에, 개를 자연으로 돌려보내는 것은 늑대의 개체 수를 인공적으로 늘리는 것보다 더 위험할 수 있을 것 같아요. 또 유기견을 붙잡아 처리하지 않으면 인수공통전염병(광견병) 전파의 우려도 높아져 공중위생상의 위험을 초래할 수 있지요.

세계 인구 대비 10퍼센트 정도의 개가 있고 그 가운데 70퍼센트는 버려진 개라는 비공식 추정 집계를 보았지만, 최소한 몇천만 마리부터 몇억 마리 사이의 유기견이 지구에서 떠돌아다니고 있겠지요.

개를 키우는 사람들이 사료와 예방 접종에 대한 경제적 부담, 질병이나 부상 등에 따른 치료비 때문에 개를 내버리는 일이 없도록, 이를 도와주고 경제적으로 지원하는 일이 필요할 것 같아요. 반려동물건강보험을 만들어서 반려 동물의 치료비 부담 등이 어려운 사람은 이 기금 안에서 신속한 치료와 후속 조치를 무료로 받을 수 있도록 제도화할 수 있겠지요. 어느 나라든 정치와 법률은 그 사회를 구성한 시민들의 권력에서 나오기 때문에, 개의 복지와 개 사육자의 권리는 지금 개를 사육하고 있는 애견인의 관심에 달려 있지요.

말할 것 없이, 개가 다른 동물보다 생명을 더 존중받아야 할 마땅한 근거는 찾기 힘들지요. 개가 자연의 동물을 대표할 수 있는 위치에 있는 것도 아니고, 물과 공기처럼 존재하지 않으면 사람이 살 수 없는 생존 조건 자체도 아니지요. 인간이 각 동물들과 어떤 관계를 맺고 있고 어떤 동물을 선호하며 어떤 유익함을 얻느냐에 따라서 그 생명체에 대한 중요도가 다르게 설정되었을 뿐이지요.

그럴지라도 개가 인간의 가장 친한 친구라는 데 많은 사람들이 동의하지요. 개를 친구로 받아들였다면, 생존할 환경을 제공해주고 본래의 삶을 살게 도와주어야 하겠지요. 생태계에서 꼭 필요한 위치가 아닌 자리로 기르던 개를 돌려보내는 일은, 인간이 늑대를 개로 만든 이유와도 어울리지 않지요.

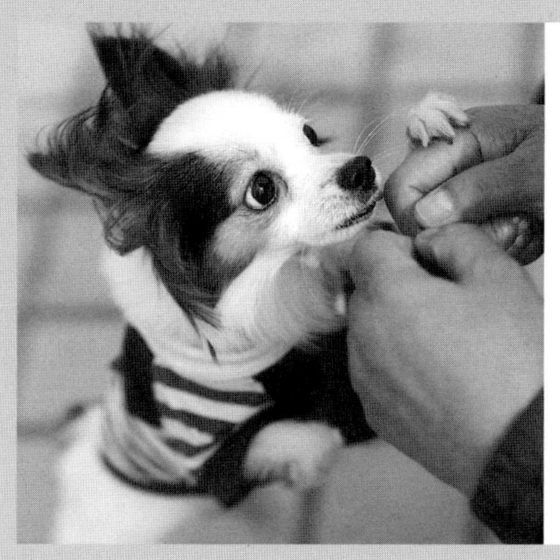

제 3 장

개를 위한 최고의 사랑

개를 위해 무엇을 해주는 게 좋을지도 생각해보았지요.

개는, 가축을 돌봐야 하는 시대엔 목축을 위해, 사냥이 유행하던 시대엔 수렵을 위해 개량된 품종들이 귀한 재산처럼 다루어지며 보살핌을 받았지요. 일부 종교에서는 천국을 지키는 상징적 동물로 숭배받았고, 세계 각 지역에서 여러 질병의 치료 약재로 또는 식량으로 사용되기도 했습니다.

애완견은 옛날 일부 귀족이나 상류층의 취미와 상인들의 돈 욕심 때문에, 눈을 즐겁게 해줄 수 있는 '귀여움'을 추구하며 만들어졌다지요. 고대 여러 나라의 황실 등에서는 부와 권력과 위엄의 상징으로 여겨지기도 했고, 고귀한 신분을 증명하는 수단이었다지요. 다른 가축과 달리 생산성의 극대화라는 특정 목적이 필요 없기에, 놀음거리나 구경거리인 목적에 충실해야 사랑받으며 생존할 수 있었지요.

그러다가 인간의 주거 환경이 바뀌자 방으로 들어갔고, 사람과 함께 침대에서 자는 개들이 늘어나게 되었지요. 조금만 추워지면 옷을 입히고 사람의 음식 재료로 수제 요리를 만들어 제공하고 장례식을 치러주고 유산을 물려주는 등, 늑대와 분리를 이룬 뒤로 가장 급격한 변화에 맞닥뜨려 있지요. 개들이 인간의 삶으로 들어오기 위해 진화하더라도 정체성 혼란을 겪을 수밖에 없는 시대인 것 같습니다.

개에게 옷을 입히지는 않을 거예요. 뉴욕·파리·밀라노 등지에서 열리는 패션쇼에서의 멋 부리기를 개에게까지 옮긴다면, 인류의 관심 낭비와 다르지 않겠지요.

개의 털은 늑대가 야생에서 태양에너지를 받아들이고 눈과 비와 바람을 이겨내면서 이루어낸 작품이잖아요. 어느 다큐멘터리를 보니, 개과에 속하는 북극여우는 얼음 밭과 같은 곳인 영하 50도에서도 살더라고요. 인간의 선택 번식으로 체형과 생김새, 털의 길이나 색깔이 서로 다를지라도, 개의 몸 속 세포들은 추위를 이길 수 있는 성질을 타고났다고 볼 수 있지요. 추위를 탄다면 더운 지방에서 살도록 개량된 견종이거나, 실내에서 오래 적응한 이유로 면역력이 약해졌기 때문이겠지요.

개를 위한 옷은 겨울 날씨에 적응하기 힘들어 하는 털이 짧은 일부 품종, 피부에 이상이 생겼거나 체온 유지를 위해 의사의 권고가 내려진 아픈 개 등을 위한 것으로 한정해도 될 것 같아요. 패션이 아닌 환자복 같은 필요 때문이라면 저도 입힐 것 같아요.

개의 외모 관리는 좀더 자연 상태를 청결하게 유지하는 선까지만 도와줄 거예요. 더 품종답게 보이게 만든다고 개의 꼬리를 자르거나 귀를 자르는 게 어떤 품종에겐 유행이더라고요. 사람의 눈에는 예뻐 보이게 성형하더라도 개에게는 모독일 수 있고, 고문을 당하는 것과 다르지 않을 수 있겠지요. 잘라내야 한다고 생각하는 꼬리나 귀까지 포함해서 그 품종이 된 거잖아요. 개는 개과의 동물로서 외모에 대한 판단이 서 있을 것 같아요. 유전자 속에 새겨진 그러한 정보를 인간이 바꾸는 건 불필요한 일 같아요.

이미 성형을 한 개는 어쩔 수 없겠지만, 도베르만의 귀를 잘라 뾰족하게 만든다든지 하는 일은 하지 않을 거예요. 잘려나간 귀의 그 부분조차도 외부의 환경들을 감지하고 뇌로 전송하는 일에 도움을 주는 일을 하잖아요.

그렇지만 반려견의 외모 관리를 자연에 내맡길 수만도 없는 게 현실이긴 해요. 사람이 개량시켜 사람에게 의지하며 산 지 만 년이 훨씬 지났으니까요. 귀가 늘어진 개는 귓속의 건강 여부도 검진해줘야 하고, 귀 전용 세척제로 가끔씩 씻어줘야겠지요. 털이 긴 개들과 털이 매끄럽고 부드러운 개들은 정기적인 빗질과 함께 털도 깎아줘야 하겠지요. 방목하던 개는 야생에서 뛰어다니고 땅을 파기도 하며 발톱을 일정하게 유지할 수 있었지만, 지금은 그런 환경에 놓여 있지 않으니 발톱도 다듬어줘야겠지요.

개는 개답게, 인간은 인간답게 살아야 하는 게 종이 구별되어 존재하는 이유라고 생각해요.

개들은 늑대처럼 무리를 짓고, 그 안에서 짝을 구하고, 서열을 짓고, 서로 어울려 숲이나 들판을 뛰어다니며, 안전한 구역에서 쉬는 것을 행복으로 생각하지요. 비록 인간에게 의지해 먹이를 구하고 새끼 돌보는 일을 일부 의탁하며 살지라도 말이지요. 개의 본질을 무시한 채 의인화한 관점에서 보호와 사랑을 모색하다보면 자생력을 약화시킬 것 같아요. 그렇게 되면 미래의 개들은 유기농 사료 없이는, 주사 없이는, 털옷 없이는 살아가기가 힘들겠지요.

개들을 점점 더 연약하게 키워서 인큐베이터 속의 아기처럼 만들어간다든지 의인화시켜서 우상처럼 만들어간다면 인류의 짐으로 남겨지겠지요.

개에게 롤러스케이트를 태우고 서핑을 시키는 것이 사랑이라고 생각되지는 않아요. 개를 떠나보낼 때도 죽은 개를 위한 관을 만들고 수의를 입히는 일은 하지 않을 거예요. 그 관을 만들기 위해 또 나무가 베어지잖아요.

양·낙타·말·염소·개를 키우는 유목민들은 개만 편애하지 않더군요. 그들이 자연과 함께 사는 사람이 아니라고 그 누구도 말할 자격이 없겠지요. 도시인들보다 그들이 더 먼저 개를 이해하고 사랑하고 정을 나누며 함께 살았다고 할 수 있지요. 주인이 좋은 집에서 좋은 먹이와 간식을 주며 사람처럼 돌보면 개가 행복한 삶을 산다고 생각하겠지만, 그것은 사람의 처지에서 바라본 생각이겠지요. 개를 의인화시킬수록 그 뒷감당은 우리의 후손이 떠맡아야 하지요.

10여 년 전 개에 관한 동화를 쓰려고 자료를 살펴볼 때 개 사료가 사람의 식량과 겹친다는 걸 알고선 많이 놀랐었지요. 지금은 그때보다 더 고급스러운 사료들이 등장했고, 값이 비싼 사료들을 선호하게 시장이 형성되고 있더군요.

예전 사람들은 먹다 남은 음식이나 사냥하고 남은 고기 등을 던져주며 사료 없이 개를 사육했지요. 지금은 음식 재료가 천연이 아닌 경우가 많고, 사냥할 일도 없기에 그러기는 힘들겠지요.

개를 위한 건조 사료가 처음 등장한 게 1860년입니다. 사료회사들은 사람이 먹지 않는 곡물의 부산물이나 육류의 부산물을 이용해 개 먹이를 만들기 시작했지요. 그래야 이익이 남기 때문이지요. 개의 먹이로 일부러 음식을 남기지 않아도 되는 시대로 진입한 거지요.

현대의 개 사료를 보면, 곡물 원료로 옥수수 등을 사용하고 동물성 단백질을 얻기 위해서 육류와 어류 등을 추가합니다. 유통 기한을 잘 정하고 가공만 달리하면 사람의 식품으로도 얼마든지 사용할 수 있는 게 대부분이지요.

시판 중인 사료를 개인이 평가한다는 것은 현실적으로 힘든 일이지요.

물리 · 화학 · 생물학적으로 전문적인 관찰과 실험이 필요하거든요. 소비자들은

사료회사들을 믿고, 사료의 원료 같은 문제는 신경 쓰지 않았지요. 그런데 언젠가부터

사료업자 가운데 일부가 수익을 더 얻기 위해서 안락사한 개나 고양이의 사체를 단백질

원료로 사용했지요.

사료에 대한 불신이 생겨나면서 사람이 먹을 수 있는 고급 식재료를 사용한 수제

요리가 인기를 끌기 시작하고 있지요. 인간의 음식으로 당장 사용할 수 있는 신선한 재료로

개의 먹이를 만들지요. 현미 등 곡류는 말할 것 없고, 신선한 소고기 · 양고기 · 닭고기 ·

칠면조고기 등과 참치 · 연어, 유기농 채소 같은 재료들이 인기를 끌지요. 사람의 평균 음식

재료보다도 더 신선하고 구입비도 많이 들더라고요.

그러다보니 이젠 사료회사들도 단백질 원료로는 사람의 식탁에 올라도 충분한 신선한

고기와 어류로, 기타 영양소를 얻기 위한 곡류나 채소는 유기농으로 바꾸고 있지요.

늑대·여우·너구리·자칼·코요테 등 개과에 속하는 동물들은 사막·산·숲·초원 등에서 알맞은 먹이를 사냥하고 섭취물을 소화시키며 건강을 유지할 수 있게 수십만 년 이상 진화해왔지요. 사냥한 동물들을 물어서 끊거나 찢거나 부러뜨리는 일이 반복되면서 치아도 예리하게 발달되었고요. 개도 생고기를 송곳니로 끊어서 삼키고, 며칠 동안 먹지 않아도 견디며, 영하 수십 도에서도 살아남을 수 있는 생체 조건들을 타고났었지요. 사람이 조리를 해줄 까닭이 없게 조건을 갖추었는데, 점점 식생활까지 의인화시키고 있지요.

더구나 개과의 동물들은 선천적으로 미식가가 될 수 없게 진화해왔지요. 맛을 감지하는 데 관여하는 '미뢰'가 사람은 9,000여 개이지만, 개는 1,700여 개입니다. 늑대가 다른 동물을 포식할 때 맛에 대해 불평할 수 없도록 조건이 이미 정해져 있는 것과 다르지 않지요. 사람이 수제 요리를 제공한다고 입맛으로 간을 맞추어서 개에게 주어도 개가 느끼는 맛은 사람 같을 수가 없겠지요.

개를 위한 수제 요리와 고급 사료가 문제가 되는 다른 이유는, 현재 인류가 식량을 올바로 나누며 살지 않으면서 개와는 상당량을 나누고 있기 때문이지요. 인류가 개를 위한 식이요법과 수제 요리까지 신경 쓰는 사이, 이 글을 쓰는 지금도 지구 한편에선 영양 부족으로 약 6초에 한 명씩 어린이가 죽어가고 있더군요. 우리가 개를 위해 준비하는 식재료는 가난한 나라나 가난한 집 아이들에겐 생일에도 접하지 못하는 음식이더군요.

말할 것 없이, 이 문제는 개하고만 관련된 것은 아니지만, 애견인이 외면할 수 있는 사안도 아니지요. 현재 인류는 인간만을 위해 농사짓는 게 아닙니다. 전 세계의 소 · 돼지 · 닭과 반려 동물 등의 사육을 위해 세계 곡물 생산량의 3분의 1 이상이 사용됩니다. 콩의 80퍼센트는 가축 사료로 이용되더군요. 바다에서 잡히는 어류의 약 50퍼센트도 가축 사료로 이용됩니다. 전 세계에서 사육되는 소 · 돼지를 합하면 20억 마리가 넘고, 닭까지 합하면 약 200억 마리가 넘습니다. 이러한 가축에게 제공되는 대부분의 사료는 당장 사람의 식량으로 돌릴 수 있더라고요. 곡류 사료로는 옥수수 · 밀 · 쌀 · 수수 · 보리 등이 있지요. 단백질 사료로는 콩 · 어류 등과 소 · 돼지 등의 육류나 그 부산물이 있습니다.

아무런 대책 없이 현재 상황이 방치된다면 미래는 더 암울할 뿐이더군요.

현재 인류는 곡물을 인공으로 만들 수 없습니다. 가뭄 등의 자연재해나 사고 등으로 일조량이 부족해져 곡물의 생산량이 줄어들면 곡물 값이 폭등하게 되잖아요. 굶주리는 사람은 더 많아지고, 인류는 식량난에 휩싸이게 되겠지요. 당장 개 사료 값이 폭등하고, 세상의 모든 개들은 굶주리게 될 게 뻔하지요. 또 곡물 자원의 무기화가 이루어지면 식량이 부족한 국가에서는 집단 아사와 폭동이 일어날 수 있고, 국가 사이의 전쟁으로 이어질 수도 있겠지요. 겨울잠에 들어간 북극곰처럼 먹이를 먹지 않고서도 4개월을 견딜 수 있는 사람이나 개는 없잖아요. 애견인이 이러한 문제에 나 몰라라 할 수도 없는 까닭이지요. 그런 일이 몇 년 뒤에 일어날지 몇십 년 뒤에 일어날지 알 수는 없지만, 인류가 대책은 세워놓아야 하지 않겠어요?

가축 가운데 가장 문제가 되는 것은 소 사육이지요. 사람이 소를 사육하는 가장 큰 이유는 영양소에 필요한 육류와 우유 등을 제공받기 위해서이지요. 농경을 위해 소를 이용하는 일은 사라져가고 있잖아요. 현재 전 세계에서 사육하고 있는 소는 13~14억 마리라는군요. 방목된 성숙한 소는 자기 체중의 10~14퍼센트의 목초를 먹는대요. 하지만 육식을 위해 사육되는 소들 대부분은 풀 대신 곡물 사료를 먹지요.

보통 소고기를 얻기 위해 사육되는 소는 18~24개월 사이에 도축돼요. 귀가 따갑게 들은 사람도 있겠지만, 소고기 1킬로그램이 식탁에 오르기 위해서는 약 10킬로그램의 곡물을 사료로 만들어주어야 하잖아요. 10킬로그램의 곡물은 한 사람이 약 40~50여 일을 먹을 수 있는 식량에 해당하지요. 식탁에 오르는 몇 끼의 소고기 요리는 곧 한 달 이상의 식량으로 충분한 곡물 소비량과 같아요. 돼지고기를 얻기 위한 곡물 사용량도 소 못지않더군요.

가축과 반려 동물에게 제공되는 사료 원재료를 사람의 식량으로 돌리면 약 20억 명 이상이 먹을 수 있다고 해요. 유엔농업기구(FAO)와 세계식량계획(WFP)의 발표에 따르면, 매년 굶주리는 세계 인구가 약 10억 명에 이른다네요. 국제적십자연맹(IFRC)은 2010년 기준으로 세계 인구 가운데 약 15퍼센트에 해당하는 9억 2,500만 명이 영양실조로 고통을 받고 있고, 약 20퍼센트에 해당하는 15억 명은 비만으로 고민하고 있다는 자료를 내놓았더군요.

소 등의 가축과 개 등의 반려 동물에게 제공되는 사료의 50퍼센트만 줄여도 전 세계의 기아 문제는 해결될 수 있겠지요.

그렇다고 동물에게 제공하는 사료의 양을 줄일 수는 없지요. 육류 소비량을 줄여서 자연스럽게 소·돼지의 사육 수를 조절하고 반려 동물의 개체 수도 줄여나가는 노력이 필요하지요. 닭 또한 닭고기 위주보다 계란 위주로 식탁을 짠다면 더 좋겠지요.

그럴지라도 지금 지구에 곡물이 부족해서 15퍼센트의 인류가 굶주리는 건 아니더군요. 곡물 값이 너무 비싸서 살 형편이 안 되기 때문이지요. 가축과 반려 동물의 사료로 소비되어 곡물 값이 오르기도 하지만, 농경지에 곡물 대신 바이오 연료를 심는 것도 한 이유더군요. 곡물상들의 사재기는 논외로 두기로 해요.

말할 것 없이 농부들도 이익을 얻기 위해 그런 작물을 심겠지요. 하지만 각 나라의 정부가 지원을 결심하면 농부들을 도울 수 있는 방법은 많을 거예요. 애견인들이 육류 소비를 50퍼센트 정도 줄여나가면서, 곡물이 가난한 나라의 국민들과 빈곤층에까지 갈 수 있는 길이 열리도록 힘을 모아주면 좋을 것 같아요. 더불어 자연재해 등을 대비한, 인류를 위한 곡물 비축과 반려 동물을 위한 사료 비축 등에 관한 관심도 필요하겠지요. 가축과 반려 동물의 사료용으로 인간이 생산해내는 곡물의 몇 퍼센트까지 허용할 것인지 등의 연구도 필요하겠고요.

지구의 온난화로 평균 기온이 계속 상승하고 있다지요. 기후학자들은 지금까지 1만여 년 동안 평화롭게 이어져왔던 기후가 지구 온난화로 '임계점'에 다다랐다고 경고하지요.

지구 온도가 1도 올라갈 때마다 쌀 · 밀 · 옥수수 등의 식량 생산량은 10퍼센트씩 줄게 된대요. 국제연합(UN)은 2050년의 세계 인구가 약 90억 명에 이를 것으로 전망해요. 2030년까지 식량의 50퍼센트가 더 필요하다는 것도 알아냈지요. 현재의 인구 추세대로라면, 지금의 식량 재배 방식으로는 감당할 수가 없대요.

육류 소비에 사용되는 사료용 곡물과 바이오 연료 재배 대신, 사람이 먹을 쌀 · 밀 등 곡물의 재배 면적을 늘려나가야 인구의 증가 추세에 맞춰 인류가 함께 살아갈 수 있다지요. 사정이 이러한데도 세계 육류 소비량은 2050년쯤엔 현재의 두 배까지 증가할 것이라고 해요. 육류 소비가 증가할수록 곡물을 더 많이 가축의 사료로 내놓아야 합니다.

사료 또한 장기적으로는 사람의 식량과 겹치지 않는 것으로 개발해야 할 과제가 인류 앞에 놓여 있지요. 곡물 파동이 와도 살아남을 수 있는 개의 먹이를 찾아야 해요. 원자의 조합으로 이루어지는 사료 같은 게 등장할 차례겠지요. 강아지의 사료를 개발하다가 그걸 찾는다면, 인간의 식량 문제도 더불어 해결될 수 있을 거예요.

그래서 강아지를 입양하면 불임수술부터 고려하려고요.

개들의 적정 숫자 같은 것은 아직 세계가 논의하고 있지 않지만, 개를 만든 게 사람이기에 미래의 자연 환경을 위한 개체 조절의 책임을 사육자가 져야 할 것 같아요.

늑대는 연 1회 번식하지만, 개는 인간과 함께 살면서 연 2~3회 임신이 가능하게 진화했지요.

개의 사춘기는 태어난 지 6~8개월 사이에 시작되지요. 어른과 구분 없는 몸집을 지니고, 힘도 세지고, 안 가본 곳을 탐색해보려는 모험 행동을 하고, 주인에게 반항하는 일도 잦고, 성적 행동에 집착하지요. 공원에 나온 개들을 보면 암컷은 보통 9~11개월에 접어들면 임신하려는 노력을 시작하더군요. 수캐를 접촉하려고 집을 나가기도 하고, 페로몬이라는 화학 물질을 몸에서 내보내 수캐를 끌어들이려 하지요.

수캐 또한 생후 6개월이 되면 '테스토스테론'이라는 호르몬을 만들어낸다지요. 뇌에서 우선순위로 생각하는 것들이 번식에 맞춰지고, 몸도 그에 맞게 발달하겠지요. 페로몬을 분출하는 임신 가능한 암캐를 수색해 눈 깜짝할 사이에 번식에 필요한 행위를 하지요. 개는 관계 뒤 63일(62~68일) 만에 보통 6~11마리의 새끼를 낳게 됩니다.

밀림의 생태계는 일정한 지역마다 '동물 자원 총량'이 비슷하다지요. 세계의 어떤 밀림이든, 일정한 지역에 서식하는 온갖 동물들의 무게를 합한 값을 말하지요. 그런데 개들의 적정 숫자 같은 것은 아직 인류가 논의하지도 않고 있지요. 식량 생산량과 수요량, 가축과 반려 동물에게 가는 곡물의 양, 각 동물의 개체 수 등의 연관 관계를 풀어내면 해답을 찾을 수 있겠지요.

그래서 저는, 번식은 전문가 그룹에게 맡기고 제가 입양할 강아지는 불임수술을 시키려고 합니다. 암컷이라면 자궁을 절제하는 난소 제거 수술을, 수컷이라면 거세시키는 중성화 수술을 고려해볼 수 있겠지요.

개의 거세는, 6개월 된 수소를 거세해 암소처럼 육질을 좋게 하는 이유와는 차원이 다른 문제이더군요. 개의 공격성, 과도한 성적 집착, 이웃집 개를 찾아 집을 나가는 일 등을 감소시킨다는군요. 또한 수캐가 가족이나 손님의 다리를 끌어안고 교미하듯 허리를 움직이는 성적 행동을 예방할 수 있다네요. 개의 그런 행동은 사람의 특질과 안 맞는 게 많아서 어린이들에게 성에 관한 왜곡된 상을 심어줄 수도 있잖아요. 또 난소 제거나 중성화 수술을 받은 개들은 암에 걸릴 확률이 대폭 줄어들어서 오래 살 수 있는 장점도 있다지요. 어떤 동물병원의 경우 노령견 사망 원인의 약 50퍼센트가 암에 따른 것이었다는군요. 중성화 수술은 생후 6개월이 아닌, 생후 6~8주 정도에 하는 게 좋다지요.

어미 개로부터 보살핌을 충분히 받으며 사회화한 순종에게 번식의 우선권을 주면 좋겠습니다. 양심적인 전문가들에게 사회화 과정을 거쳐서 인간 사회에 긍정적인 도움과 활력을 불어넣을 수 있는 방법을 찾았으면 좋겠어요.

애견인 스스로 사육 두수를 제한하는 일도 필요할 것 같아요. 1~4인 가구는 한 마리만, 5인 가구 이상은 두 마리까지만 키우는 것을 생각해볼 수 있겠지요. 특수한 목적이 없다면 개는 세 마리 이상 키우지 않으면 좋겠어요. 하지만 이건 저의 생각일 뿐이니 스스로 알아서 할 일이지요.

그렇다고 기르던 개를 갑자기 어찌한다는 것은 그 어떤 이유로도 용납될 수 없겠지요. 지금 기르던 개가 죽은 뒤에 입양을 고려한다거나 개를 처음 입양하는 사람들이 그리해준다면, 식량을 인간과 함께 나누는 개들도 눈치를 보거나 걱정하지 않겠지요.

개의 품종은 여러 국제기구에 따라 정해지고, 150~400여 개 순종이 대표적으로 공인되어 있더군요.

멸종된 품종까지 합하면 약 800종이 된다지요. 품종 공인 등에 관심이 먼 나라들도 있고 순종을 밝히려는 노력을 중요하게 생각하지 않는 나라들도 있기에, 정확한 품종 수는 알 수 없는 게 현실이지요. 유전자 연구를 통한 과학적 분석이 세계 곳곳에서 진행된다면 개의 품종은 천여 종 이상으로 늘어날 수도 있을 것 같아요.

국가나 국제기구마다 조금씩 분류 기준이 다르지만, 알기 쉽게 개를 쓰임새에 따라 분류할 수 있더군요.

사냥개 그룹으로는 눈으로 사냥감을 쫓는 아프간하운드 등, 후각을 이용해 사냥감을 찾아내는 비글 등, 총에 맞은 꿩과 토끼 등을 물어오는 리트리버와 총으로 맞히기 좋게 공중으로 날려보는 일을 하는 스패니얼 등, 새를 발견하면 그 자리에서 멈춰서 새의 위치를 알려주는 포인터 등이 있지요. 토끼 · 너구리 · 오소리 등의 동물 사냥에 알맞게 개발된 개들로는 미니어처슈나이저, 보더테리어, 불테리어, 잭러셀테리어 등이 있고요. 도둑을 감시하거나 망을 보거나 인명 구조에 특화한 개로는 도베르만핀셔, 로트와일러, 복서, 불마스티프, 사모예드, 세인트버나드, 시베리안 허스키, 알래스칸 맬러뮤트 등이 있습니다.

다른 동물들의 움직임을 통제하는 능력이 뛰어난 목축견으로는 보더 콜리, 올드 잉글리시 시프도그, 저먼셰퍼드, 윌시코기, 콜리 등이 있어요. 애완견으로는 요크셔테리어, 킹 찰스 스패니얼, 치와와, 재패니즈 친, 몰티즈, 파피용, 시추, 퍼그, 페키니즈, 포메라니안 등이 있습니다. 그 밖의 품종들은 한데 묶어 기타 개로 분류합니다. 푸들, 슈나우저, 달마티안, 불도그, 진돗개, 삽살개, 풍산개 등이 그렇습니다.

이에 포함되지 않는다고 해서 가치가 없다거나, 특정한 능력이나 외양이 다른 품종에 견주어 떨어지지는 않지요. 지금도 세계 어디에선가는 새로운 믹스견이 태어나고 있을 거예요. 보통 20세대 이상 선택 번식을 계속하면 새로운 순종의 개가 만들어진다지요.

현대는 사냥이 거의 필요 없고 방목하기 힘든 시대이기에, 개들의 능력을 찾아서 알맞은 일을 주기 위해 인류는 계속 노력하고 있습니다.

이미 치료 보조견, 안내견, 구조견 등이 자기의 일을 찾아 성공적으로 살고 있지요. 그 과정에 이르는 훈련이 비난의 대상이 되지만, 늑대들이 생태계에서 벌이는 사투보다는 덜 스트레스를 받고 덜 위험하다고 볼 수 있지요.

시각도우미견(안내견)은 시각장애인의 보행 때 장애물을 알려주고, 길을 이끌어주며, 걸음의 속도를 낼 수 있게 도와주지요. 선호되는 종은 래브라도 리트리버, 골든 리트리버, 저먼셰퍼드 등입니다. 그 주인에겐 친구이고 동반자와 같지요. 청각도우미견은 노크 소리, 전화벨 소리, 물 끓는 소리 등이 나면 그곳으로 달려가 확인한 뒤 주인에게 알려준다네요. 저는 청각도우미견은 만나본 적이 없습니다. 아직도 목양견은 여러 지역에서 목동이 양떼를 방목하는 데 도움을 주는 일을 하고 있지요. 양들을 보호하며 이동시키고, 양들은 목양견을 두려워 하지 않고 명령을 잘 따르지요. 보더 콜리, 비어디드 콜리, 셰틀랜드 시프도그 등이 선호되지요. 방범을 목적으로 사육하고 훈련시킨 경비견도 있고, 요인 경호를 위해 사육하고 훈련시킨 경호견도 있지요. 죄수의 탈옥 방지와 탈옥한 죄수를 추적하는 데 사용되는 교도견도 있더군요. 말할 것 없이 반려견도 자기가 맡은 일을 하며 인간과 어울려 기쁘게 살아갈 수 있는 길을 찾고 있지요.

개들의 뛰어난 후각은 현대의 과학 기술도 넘어서지요. 후각을 활용하는 치료 보조견은 사람의 신체 내부에서 진행되는 일부 질병들을 현재의 의학 기술보다 더 정확히 찾아낼 수 있지요. 최근엔 암세포를 찾아낼 수 있음이 확인되었고, DNA 검사로 밝히지 못한 일란성 쌍둥이들을 저먼셰퍼드가 구별해냈다는 기사도 본 적이 있습니다. 이는 현재까지 인간이 발견한 최고 분석 방법보다 더 새로운 기법이 존재할 수 있다는 것과 다르지 않지요. 체취증거견은 특정한 사람의 냄새를 기억하고 범인을 추적해 검거를 돕거나 죽은 사람을 찾아냅니다. 마약탐지견은 공항 등에서 마약 등을 찾아냅니다. 인명구조견은 산악이나 화재 장소 등에서 실종자의 위치를 찾아내 구조를 도와줍니다. 저먼셰퍼드가 주로 이용되지요.

정신적인 치료를 돕는 개들도 있지요. 우울증에 걸린 사람이 개를 기르는 일은 권장되고 있어요. 개를 사육하면서 규칙적인 운동을 하게 되고, 감정 교류를 거쳐 친밀감을 형성할 수 있으며, 개와 산책 때 다른 개나 사람들에게 마음을 열면 부정적인 기억들이 감소된다지요. 아쉽게도 모든 우울증 환자에게 해당되지는 않을 것 같아요. 개까지 신경 써야 한다고 더 우울해 하는 사람도 보았거든요.

인지 능력이 있는 개의 활용 방안이 연구되면 개는 법정의 증인으로도 활용될 수 있겠지요. 그 어떤 외압이나 회유에 굴하지 않고 반응하는 것을 뇌 과학으로 밝혀낼 수 있겠지요. 거짓말을 한 사람은 많이 부끄러울 거예요.

개들도 보람 있겠지요? 다만 개를 통한 2차 감염의 우려는 없는지 등에 대한 방안을 세워둘 필요가 있겠지요.

그렇다고 개들에게 전적으로 그런 일을 의지해서도 안 되겠지요? 개의 심리나 건강에 이상이 있을 때 투입한다면 오진이 나올 수도 있고, 개에게 의지하는 만큼 그 분야의 과학 기술이 정체될 수도 있지요.

군견을 입양하고 싶은 적도 있었지요.

로마시대는 말할 것 없고, 현대의 전쟁에서도 개들이 군사 작전용 등으로 투입되지요. 전쟁에 투입된 개들의 유전자엔 사람도 적으로 저장될 수밖에 없어요. 상황에 따라서 달라지는 적과 아군을 주인의 명령에 따라서 우선은 알아듣겠지만, 잘못하면 모든 인간을 적으로 인지할 수도 있지요.

군사 작전에 동원되는 개들은 작전에 실패하면 생명을 잃거나 부상을 당해서 후유증에 시달립니다. 더구나 군견들은 선발 과정에서 약 70퍼센트 정도가 최종 탈락되고, 탈락된 개체들은 안락사당한다네요. 사람을 무는 공격성과 한 가지 일에 집중하는 집착성이 강하지 못하기 때문이라지요. 그래서 마음이 끌렸는데, 우리가 반려견으로 키우기엔 부적당하게 공격성을 극대화하며 훈련시켜서 기르기 부적합하대요. 신나게 같이 놀다가도 한순간 제 어깨 위로 뛰어오르던 핏불테리어가 떠오르는군요.

폭발물을 잘 찾아낸다는 것은, 위험한 환경에 인간을 대신해 투입하겠다는 뜻과 다르지 않잖아요. 전쟁이나 폭발물 설치가 필요 없는 세계 환경을 이루기 위해 개를 소유하고 있는 사람들부터 인류애를 기반으로 삼는 가치로 세계를 바라보고 대했으면 좋겠어요. 인류가 서로를 이해하고 존중하며 상대를 적으로 삼지 않아야 군견이나 경비견들이 필요 없는 세상을 열 수 있겠지요.

사람의 질병 예방과 치료를 위한 신약품 개발을 위해 이용되는 개들도 많더군요. 개의 몸에 병원균을 삽입해 병들게 한 뒤, 약물을 투여하고 치료 효과가 있는지 등을 사람을 대신해 검증받아요. 비글 등이 주로 이용되고, 실험에 투입된 개들은 그 과정에서 고통을 당하며 죽거나 실험을 마치고 안락사당한대요. 저항하거나 의견을 표현할 수도 없는 상태에서 인류를 위해 일방적으로 신체적 고통을 당하고, 정신적 스트레스를 받고, 병에 걸리고, 생명을 빼앗기는 것이지요. 이 문제를 해결하기 위해 인공 신체 조직을 만들어 대신하려고 여러 기업들이 연구한다는데, 잘 되었으면 좋겠어요.

지금 이 시간에도 인위적으로 개를 개량하는 일을 수많은 사람들이 하고 있지요. 귀엽고, 사람의 명령을 잘 알아듣고, 적게 먹고, 경호·보안·오락에 특화된 품종을 만들어내기 위해서입니다.

말할 것 없이 이는 상당수의 사람들에게 긍정적인 도움을 줄 수도 있겠지요. 하지만 기업이 상업적으로만 이용하면 개를 상품처럼 받아들여야 하는 미래 사회가 나타날 수도 있지요. 개의 사육에도 지적재산권 제약이 따르게 되겠지요. 특정 업체에서 번식과 훈련을 담당하고, 사료나 진료 등도 모두 특정 회사를 이용하도록 제약받을지도 몰라요. 그렇게 되면 미래의 개들은 자연의 생태계에 속하는 것이 아닌, 기업에 속하는 생산품과 다르지 않겠지요. 그러면 개들은 생태계의 동물로서보다 기업의 이익을 추구하는 상품으로서 인류를 만나 또 다른 진화의 길을 걸어야 해요.

세상의 모든 살아 있는 생명체에겐 언제든지 죽음이 찾아들지요. 개는 사람보다 수명이 짧기에 강아지를 입양하면 반려견의 죽음과 맞닥뜨리게 되겠지요. 개는 수명이 7~20년 사이지만, 평균적으로 약 10~15년 생존하잖아요. 몸집이 큰 개는 10년을 넘기기 힘들겠지만, 몸집이 작은 개들은 대형견보단 두 배 정도 오래 산다니까 사육 환경에 따라서 15년 이상 살 수도 있지요. 26세 이상 산 개도 있다지만 저는 직접 만나보지는 못했습니다.

기르던 개가 갑자기 죽게 되면 그동안 개와 나누었던 친밀감·즐거움·위로 등 모든 게 한순간에 사라지겠지요. 늘 친구 같았고 함께 삶을 나누었으니 하루하루의 생활에 빈 곳이 드러나게 될 것 같아요. 자연사가 아닌 갑작스런 사고일 경우엔 더 받아들이기 힘들 것 같아요.

가족이 사라진 것 같고 친한 친구의 죽음보다 더 슬프다는 사람도 보았지요. 잠을 이루지 못하고, 식욕도 잃어버리고, 설사와 변비에 시달리고, 시도 때도 없이 생각나 눈물을 흘리거나 주저앉곤 했다지요. 아플 때 늘 옆에 있어주었더라면 덜 미안했을 것 같고, 그렇게 떠나갈 줄 알았더라면 함부로 오줌 똥 눈다고 혼내지도 말 걸, 하고 후회하며 죄책감마저 느끼는 사람도 보았습니다. 부잣집 강아지 부럽지 않게 애완용품으로 치장해주지 못해 미안하고, 맛있는 먹이를 실컷 먹도록 해주지 못한 게 못내 아쉽다는 사람도 있지요. 죽은 강아지의 흔적을 잊지 못해 다른 집으로 이사 가지 못한다는 사람도 보았지요. 잠들 때면 죽은 강아지의 사진을 들여다보면서 눈물지으며 슬픔을 끌어안고 산다는 사람도 보았지요. 꿈에서라도 죽은 강아지와 만나고 싶어 침대에서 일어나지 않는다는 사람도 있더군요. 자고 일어나면 꿈에서 함께 논 것이 오히려 현실 같고, 체온도 느껴지는 것 같고, 손등을 핥아주던 느낌이 생생하다고 해요.

죽은 개가 천국에 들어갔을 거라며, 이 땅에 남아 있는 자기와 가족들을 지켜달라고 비는 사람도 있더군요. 다음 세상에서는 인간으로 태어나서 꼭 자기 딸이 되어달라고 기도하는 사람도 있지요.

죽은 개가 하늘나라의 편하고 좋은 곳에서 새로운 친구들과 행복하게 지낼 것이라는 생각은 동화와 다르지 않겠지요. 개가 죽은 뒤 천국에서 이전 주인을 위해 빌어준다거나 사후에 주인이 다시 만난다거나 하는 일은 없겠지요. 어떤 종교는 천국의 들머리를 개가 지키고 있다고 하지만, 대부분의 종교에서 '천국'이라 부르는 곳은 사후 구원을 얻어서 들어갈 수 있는, 완전한 행복의 상태를 누릴 수 있는 곳을 뜻하잖아요. 그곳은 누구에게도 의지할 필요 없이 스스로 완전한 모습으로 존재하며 행복하게 살 수 있는 곳으로 설정되어 있지요. 사람에게 의지해야만 생존할 수 있기에 사람을 따랐고, 사람의 마음을 사로잡으며 생존을 모색하며 살았던 개는, 천국에서는 인간의 도움 없이 생존할 수 있어야 하겠지요.

종교 속의 천국을 죽은 개와 연관시켜서 위로를 얻으려면 천국에 대한 새로운 정의 설정이 필요하지요. 이성적으로 개의 죽음을 이해하고 정상적인 생활로 돌아오기보다 더 어려운 문제들이 많지요.

저는 그렇게까지 추억을 끌어안고 살지는 않을 거예요. 개의 묘를 만들거나 유산과 유언을 남기지도 않을 거예요. 개는 먹이 사슬의 구조에서 인간이 구해낸 동물일 뿐, 인간과 같은 권리를 가질 수는 없다고 생각되네요. 글로 말로 슬픔을 표현해도 인연의 소중함에 대한 애착일 뿐이지, 죽은 개든 살아 있는 다른 개든 알지 못하잖아요. 다만, 주인 잃은 개들을 위한 보호 시설은 그런 이유에서도 필요하겠지요.

죽은 개가 그리울 때면, 현재 생활에 문제가 되지 않도록 수습할 때가 되었음을 알아차리라는 신호로 받아들일 거예요.

상실감에 힘들어 하는 사람들을 이해할 수는 있을 것 같아요.

개의 체온은 생후 1년 미만은 38.5~39.3도이지요. 만 1세 이상이 되면 38.4~39도이고요. 그에 견주어 인간의 체온은 36.5도이죠. 35도대를 유지하는 사람들도 많다지요. 사람 몸속의 체내 효소들이 36.5도 이하를 유지하는 것은 인간 생존에 최적의 조건이라지요. 생명의 본질인 단백질이 원활히 대사 활동을 할 수 있는 최적의 온도이기 때문이겠지요.

외롭고 쓸쓸할 때 강아지를 껴안고 잔다면, 개의 체온이 사람 몸속에 36.5도가 안 되는 것들의 온도를 높여주어 안락함을 느낄 수 있을 거예요. 더구나 개의 털은 보드랍고, 체취는 취향에 따라서는 향수처럼 느껴질 수도 있잖아요. 털의 감촉과 익숙한 체취까지 더해지면 포근하게 느껴질 건 당연하고, 사랑하는 사람이 서로 껴안고 잘 때보다 더 행복하게 느껴질 수 있겠지요. 습관적으로 개에게 의지했고 모성애와 보호애가 더해지면, 사람에게선 찾을 수 없었던 그 어떤 감정이 생겨날 수 있고, 개가 인생의 유일한 의미가 될 수도 있겠지요.

그러다가 갑자기 사라지면 대체할 대상을 찾기 힘들고, 사람에게선 얻을 수 없는 것들에 대한 갈망과 상실감 때문에 고통이 오겠지요. 보통 3개월이면 그런 상태에서 빠져나올 수 있다지만 그보다 오래 가는 사람들도 보았지요. 개의 죽음을 생명의 자연스런 신비로 받아들이며, 스스로 이겨낼 수 있도록 정신을 다스려야겠지요.

강아지는 딱 한 번만 기를지도 모르겠어요. 제 어머니도 그러셨지요. 강아지를 정 주며 길렀는데, 어느 날 쥐약을 먹이로 착각하고 먹은 것 같다지요. 그 뒤 다시는 기르지 않기로 했대요. 몇십 년 전, 농촌에서 쥐약을 다시 놓지 않을 수도 없었고, 다른 집에서 놓지 않는다는 보장도 없었잖아요. 시골 개는 묶어놓지 않을 때가 많거든요. 그래서 제가 초등학교 때부터 아무리 졸라도 들어주지 않으셨지요.

새로운 강아지를 키워보라는 이야기도 주위에서 들려오겠지요. 새 강아지를 보살피는 동안 다시 활력을 되찾을 수 있다고 해요. 그래도 그 대상이 꼭 강아지라야 하는지는 생각해볼 필요가 있겠지요.

세상의 모든 생물은 누군가의 사랑을 받기 위해 태어난 외로운 존재들이지요. 산책하다 만나는 고양이·새·벌·나비·꽃 모두 인간의 관심과 사랑을 기다리지요. 그것들 모두 먹이 사슬의 위험 가운데서 살아남기 위해 부단히 노력해야 하고, 아름다운 자태를 뽐내며 존재하기 위한 눈물겨운 노력을 하며 살아가잖아요.

또한 우리는 지금까지 살아오면서 수많은 소고기를 먹었고, 돼지고기를 먹었고, 닭고기를 먹었고, 바다에서 자유를 만끽하던 어류를 잡아서 식량으로 취했지요. 그런 것들에겐 감사하고 미안하다는 말조차 하지 않잖아요. '광합성'으로 에너지를 얻을 수 있는 식물은 제외하더라도 말이지요. 우리 몸속으로 들어간 다른 동물들은 생명을 바쳐서 우리의 목숨을 살려냈고, 건강을 유지하게 해주고 있지요. 그 생명들이 자연계에서 개보다 존재의 하위에 서야 할 이유는 찾기 힘들잖아요.

　죽은 개는 어머니의 가슴에 기쁨과 빛과 길이라는 큰 힘과 선물을 주었을 것 같아요. 그렇더라도 죽은 개에 대한 회상은 뇌가 특정한 에너지를 너무 많이 사용하게 만들 뿐 아니라, 슬픔을 강화시키라고 요구하는 것과 다르지 않을 수도 있겠지요. 그 힘과 선물을 슬픔의 공기로 가리기보단 정신의 자양분으로 삼아 큰 나무가 되게 키우고 싶었던 것 같아요.

　기르던 개가 죽더라도 개의 육체를 놓아주고, 개가 알려준 정신의 힘으로 더 자유로운 사람이 되어 현실을 돌보는 일에 더 많은 시간을 줄 생각이에요. 말할 것 없이, 개가 죽으면 수의사에게 문의한 뒤 사체도 처리해야겠지요.

어느 다큐멘터리를 보니, 죽음의 문턱에 갔다가 살아난 사람들의 증언이 이어지더군요. 마지막 호흡을 이루고 아직 몸 안에 숨이 남아 있던 한 순간부터는 고통이 전혀 없었다는 일치된 증언을 하더군요.

현재의 과학으로 사후 세계를 조명해내기는 힘들지만, 세상의 모든 생물은 원자의 조합으로 만들어졌으니 개 또한 마지막 순간을 맞았을 때 인간의 마지막 순간과 크게 다르지 않았으리라 추측할 수는 있겠지요. 개가 아무리 고통스럽게 죽었을지라도, 마지막 순간만큼은 자유롭고 평온하게 생을 마쳤다고 저는 받아들일 겁니다.

누구나 슬픔의 공기로 추억을 묶어놓으면 마음의 병이 생기지 않을 수 없을 거예요. 그래도 어느 날 울컥 슬픔이 치밀어 오를 때는, '아, 내 감각이 건강해서 이렇게 생생하게 떠오르는구나!' 받아들이며, 그동안 함께 살 수 있었던 만남에 감사하면 될 것 같아요.

제4장

사람과 개가 더 행복해지기까지

물리학자들은 우주의 역사가 137억 년이고, 45억 년 전에 형성된 태양의 빛을 기반으로 지구 생태계가 이루어졌다고 하지요.

누구나 아침에 눈을 뜨면 태양이 주는 햇빛으로 하루를 시작하고, 지구의 생물들은 태양에너지를 함께 얻으며 살아갑니다. 그 태양에너지는 태양에서 우주로 방출된 것들의 일부라지요.

빛이 태양에서 1억 4,960만 킬로미터 떨어진 지구까지 다다르는 데는 약 8분 18초가 걸린다지요. 그렇지만 태양에너지가 빛의 속도로 지구에 도착하는 게 아니어서, 태양 안에서 발생된 빛의 광자가 열과 에너지로 전환된 뒤 지구에 도착하기까지는 수천 년이 걸린대요. 더 길게는 25만 년 전 태양 핵에서 생성된 에너지도 지구에 도착한다네요.

태양이 약 8분 뒤에 지구를 비추는 일만이 아닌, 수천 년, 수십만 년 앞을 내다보며 만물에게 에너지를 공급할 준비를 했듯, 사람이 살아야 하는 방향도 다를 까닭이 없지 않을까요?

지구는 남극과 북극을 잇는 하나의 가상 축을 중심으로 하루에 한 번씩 스스로 빙빙 돌면서 궤도를 따라 태양을 돌지요? 그러지 않는다면 태양과 마주하지 않는 반쪽은 어둡고 추워서 생물이 살아가기도 힘들겠지요.

지구가 스스로 돌며 골고루 태양의 빛이 온 누리에 퍼져들게 하듯, 사람도 그리 살 수 있고, 살아야 하는 방향도 다를 까닭이 없지 않을까요?

우리는 수정체 안의 세포가 끊임없이 분열해 세포를 나누며 몸이 완성되어 세상에 나왔지요.

성인이 되었다고 저를 나누던 그 운동을 중단할 필요가 있을까요?

지구 구석구석을 이동전화 전자기파와 텔레비전 전자기파와 인공위성에서 쏘는 전자기파들이 날아다니고 있습니다. 지구의 모든 인간들은 지금 하나로 연결되어 있는 것과 다르지 않지요. 인류가 그동안 실천을 미루었던 자연과의 공생, 인류의 동반적 행복을 실천할 수 있는 기회가 처음으로 지구에 찾아들었음이 느껴져요.

과학자들은 DNA 연구 결과 등을 종합해, 인간이 침팬지에서 분리돼 한 종의 특징과 행동이 고착화해 독립된 종이 되기까지 600~700만 년이 걸렸다고 해요. 현생 인류인 호모사피엔스가 나타난 시기는 20여만 년 안팎으로 추정하지요.

인류는 서로 생김새·피부색·눈동자·머리색 등이 달라도 DNA의 99.9퍼센트가 일치합니다. 백인이든 흑인이든 황인종이든 혼혈인이든 모두 한 어머니에서 시작되었기 때문이라지요. 다만 자외선 양이 다른 곳에서 오랫동안 사는 등 여러 가지 부차적 요소로 말미암아 피부색 등이 달라졌을 뿐이래요.

사람의 DNA는 영장류의 유인원에 속하는 침팬지와 98.9퍼센트, 고릴라와는 98.4퍼센트, 오랑우탄과는 96.5퍼센트가 일치하지요. 사람은 개와 유전자의 75퍼센트가 같습니다. 개는 늑대와 DNA의 99.6퍼센트가 같지요.

사람이 개와 함께 사는 데는, 개를 소유하고 기름으로써 자연에 속해 있으며, 늑대의 후손인 개의 주인이 됨으로써 자연을 정복하고 지배하고 있다는 승리감이 무의식에 깔려 있겠지요. 개의 입장에서는 먹을 것을 얻으려면, 보호를 받으려면, 주인의 눈 밖에 나지 않는 행동을 찾아야 하지요. 개의 재롱 · 장난 · 복종뿐 아니라 외적인 귀여움이나 용맹함 등은 개가 진화하며 인간에게 적응해온 특질에 속하지요.

개 속에 들어 있는 마음은 늑대로서의 자유로운 영혼이지 인간을 위한 종신 반려견이 아니겠지요. 개는 인류의 친구일 수는 있지만 사람을 대신할 수는 없지요.

그렇지만 개는 인간을 위한 우주의 선물과 같은 존재일 수 있지요. 인류가 어떤 길을 가야 할지 표지를 드러내 보여주거든요.

과학자들은 열대 밀림의 동물들 상당수가 기후의 영향으로 새순과 열매가 부족해 굶주림을 겪는다고 하더군요. 겉보기엔 숲이 무성해 먹이가 풍부할 것 같은데도 말이지요.

열대 밀림을 자유롭게 날아다니는 새들은 겉으론 행복해 보여도 새끼들이 둥지에서 살아남는 일이 아주 드물대요. 알을 깠을 때 찾아오는 포식자가 있고, 막 날갯짓을 연습할 때 찾아오는 포식자도 있다지요. 나무의 씨앗들도 퍼뜨리자마자 먹어치우려고 찾아다니는 설치류 등에게 노출되어, 땅에 묻히고 싹을 틔워서 나무가 되기까진 행운도 필요하대요. 그늘에서 벗어나 태양에너지를 받을 수 있는 양지 바른 곳에서 싹을 틔워 큰 나무가 되는 경우는 아주 드물다지요.

동물의 왕으로 불리는 사자는 여러 마리의 새끼를 낳더라도 그 가운데 한두 마리만 정글의 법칙에서 살아남는대요. 초식동물들도 육식동물에게 잡혀 먹히지 않으려고 보호색으로 위장도 하고 무리를 지어서 움직이지요.

사람이 개입하면 동물들 대부분의 운명은 더 가혹해지죠. 여우와 밍크는 가죽까지 벗겨져 패션의 재료로 쓰였지요. 소·돼지·닭·오리·토끼 등은 인간을 위해 사육되다가 도살당하지요.

개도 늑대 시절엔 항상 쫓기고 쫓으며 살았고, 먹이 걱정에서 헤어나지 못했으며, 새끼들을 안전하게 키워내기도 아주 힘들었을 거예요.

그런 늑대들이 반려견이 되어

지금처럼 안전하고 평화롭게

살아갈 수 있는 이유가 무엇인가요?

인간들이 관심을 줄 수 있는 행동

사랑을 주고 싶은 행동을 해

안전과 복지를 제공해주어도

충분한 값어치가 있다고 판단했기 때문이지요.

이는 개들이 보여주는 '표지'에 해당하지요.

　상대를 공격해 먹이로 삼던 늑대가 더 이상 사냥을 하지 않은 채 목축견이 되고 구조견이 되고 치료 보조견이 되고 반려견이 될 수 있었다면, 이웃을 공격하고 나쁜 행동을 했던 사람들도 복지와 이성이 갖춰지고 삶의 목적을 찾고 사랑을 받게 되면 좋은 사람이 될 수 있겠지요. 고독한 사람들의 친구가 되어주는 개처럼, 시각장애인의 눈이 되어주는 개처럼, 혈청을 운반해 사람의 목숨을 구했던 썰매 개처럼……. 나아가 무슨 이야기도 털어놓을 수 있고, 끝까지 들어주고 격려해주는 사람도 될 수 있겠지요.

저를 사랑하듯,

사람들끼리도 서로 사랑하세요!

그 메시지를 드러내는 게 현대에서 개들의 일은 아닐까요?

지금까지 우리 눈이 어두워서 보지 못했던 것은 아닐까요?

한 마리의 개는

한 사람 주인의 마음에 들기 위해

끊임없이 노력하면서 진화합니다.

세계의 모든 개들이

인류의 마음에 들기 위해

또 다른 함의에 도달할 수 있는 바탕을

만들어나가야 합니다.

다른 사람들이 개를 어찌 기르든지

우리는 인류와의 관계 안에서

방향을 찾을 수 있길 희망합니다.

개들의 의식이 높아지려면

주인의 의식이 높아져야 합니다.

그래야 개는 생존하기 위해

더 높은 단계에서 인류의 친구로 진화합니다.

사진 목록

사진은 합성이나 연출이 아니고
저자가 직접 현장에서 순간 포착해 담은 것들입니다

제 1 장_ 개는 누구인가?

295쪽 / 수능 전교 1등, 보더 콜리. ⓒ Upani, 2010

297쪽 / 아프간하운드와 비글. ⓒ Upani, 2010

299쪽 / 우주 안에서 생물의 삶. ⓒ Upani, 2010

301쪽 / 설원이나 공원이나. ⓒ Upani, 2009

303쪽 / 이러다가 정들겠다. ⓒ Upani, 2009

305쪽 / 문명의 햇살이 그곳에! ⓒ Upani, 2010

307쪽 / 아무것도 모르던 천국 시절. ⓒ Upani, 2009

309쪽 / 나 열심히 살아요. ⓒ Upani, 2010

310쪽 / 다 못한 말 1. ⓒ Upani, 2008

311쪽 / 다 못한 말 2. ⓒ Upani, 2011

312쪽 / 다 못한 말 3. ⓒ Upani, 2009

313쪽 / 다 못한 말 4. ⓒ Upani, 2009

314쪽 / 다 못한 말 5. ⓒ Upani, 2009

315쪽 / 다 못한 말 6. ⓒ Upani, 2009

317쪽 / 다가오는 그대들은 누구인가? ⓒ Upani, 2010

318쪽 / 땡칠이의 하루. ⓒ Upani, 2009